龙传旗

打造李小龙式的肌肉与体能

继续者张付　著

机械工业出版社

CHINA MACHINE PRESS

本书是一本以打造李小龙式体型的肌肉训练内容为基础，融入现代体能理论，继往开来的健身指南。

李小龙先生是一座丰碑，他对于中国武术、功夫的深远影响自不必多说，本书旨在继承与发扬李小龙先生格斗体型与格斗体能的实践。

本书充分细化了肌肉分离训练，除了腿、胸、背、腹、前臂、颈肩训练外，还有专项的肱二头肌、肱三头肌、三角肌、小腿训练，和防止因腿部基础力量训练造成肢体不灵活情况的专项训练，以及全面的核心训练。

同时，本书相对其他同类作品，加入了利用格斗动作进行的体能训练、李小龙式肌肉训练法、格斗体能、短棍及双节棍健身和体能训练法等新颖内容。

本书中的大部分训练动作都搭配了清晰明了的动作分解步骤实拍图。

本书集型、体、武训练三位于一体，是一套关于李小龙式肌肉体能训练的可操作性强的健身指南。

图书在版编目（CIP）数据

龙传骑：打造李小龙式的肌肉与体能 / 继续者张付著. — 北京：
机械工业出版社，2022.2
ISBN 978-7-111-70133-0

Ⅰ.①龙… Ⅱ.①继… Ⅲ.①肌肉－力量训练 ②体能－身体训练
Ⅳ.①G808.14

中国版本图书馆 CIP 数据核字（2022）第017707号

机械工业出版社（北京市百万庄大街22号　邮政编码100037）
策划编辑：王　炎　　　　　责任编辑：王　炎
责任校对：史静怡　李　婷　　责任印制：张　博
北京华联印刷有限公司印刷

2022年8月第1版·第1次印刷
165mm×235mm·15印张·186千字
标准书号：ISBN 978-7-111-70133-0
定价：79.80元

电话服务　　　　　　　　　网络服务
客服电话：010-88361066　　机 工 官 网：www.cmpbook.com
　　　　　010-88379833　　机 工 官 博：weibo.com/cmp1952
　　　　　010-68326294　　金 书 网：www.golden-book.com
封底无防伪标均为盗版　机工教育服务网：www.cmpedu.com

前　言

现在，不少体能训练爱好者参照国外健美、健体的视频和训练计划进行训练，其实李小龙式的肌肉体型与体能，更符合黄种人的身体素质特点：兼具力量、速度、耐力、应激、平衡、柔韧六大体能素质于一身，且素质均衡。

在肌肉体型方面，李小龙先生的肌肉类型整体修长，局部肌肉突起健硕。本书在依照李小龙先生发达的背阔肌、腹肌、三角肌、小臂肌群进行训练的基础上，补充了更多胸大肌、肱二头肌、肱三头肌和腿部肌肉的训练方法。

在体能素质方面，李小龙先生体能素质均衡，这和欧美只追求肌肉围度的健美以及只追求基础力量的力量举，有着本质区别。李小龙先生的应激体能素质更高，躲闪、格挡等高敏捷的应激体能素质，有生存体能的意义，将使人们躲避更多生活、工作中的潜在危险。

李小龙先生的力量也是均衡发展的。他不光追求基础的动力力量，还有摔倒受身的缓冲力量，与对方僵持缠斗的僵持静力力量，以及爆发力力量的需求。这些多种力量的综合获得，才能体现人类力量的均衡。本书的力量与肌肉素质训练，综合了动力力量、缓冲力量、静力力量和爆发力，使得训练者的力量与肌肉更具功能性。

同时，本书中的一些搏击体能训练具备动态拉伸功能，对于提高身体柔韧性有一定的作用；复合体能训练具备力量、有氧结合效果，可以提高人体的心肺耐力。书中的部分体能训练还能够提高人体各种动作与反应的速度，同时增加人体站立体能模式下的各种平衡性。

人类与动物的区别在于，人类发明并使用工具。而人类体能也符合这个特点，即使用工具的体能和使用工具的肌肉，能更加体现人类的高等性。李小龙先生是身体体能与持械体能全面发展的典型代表。本书中也讲解了两种重要持械体能的训练方式。

第一种为刚体武器——短棍。短棍的体能训练方式属于零基础就可以上手的持械体能训练方式，通过训练可以提高人体持械的力量、速度、耐力、应激、平衡、柔韧等多方面的水平。同时，通过短棍体能训练方式训练的减脂效果也比徒手体能训练减脂效果更好。

第二种是李小龙先生的招牌武器，软兵器——双节棍。双节棍的体能训练方式也是本书的特色内容之一。双节棍作为体能训练工具，对于人体的应激体能素质、神经肌肉协调性和小肌肉群控制能力要求更高。轻负重的双节棍体能训练不仅可以带来一定的减脂效果，同时还会使我们的肢体变得更灵活。

本书有助于打造更灵活、更具高适应性的肌肉体型，同时提高人体的生存体能能力，更适合国人作为训练参考。

本书集型、体、武训练三位于一体，并加入了一些我本人对这方面多年研究、实践得出的新成果，旨在继承与发扬李小龙先生格斗体能与格斗体型的实践。让我们通过这本书来一起训练！一起继续！

继续者张付

目 录

第四章
李小龙式
体型体能
训练计划

龙传旗

打造李小龙式的肌肉与体能

在展开本章内容前，大家首先要了解一个问题：力量训练对人体体型的塑造起着很大的作用，李小龙先生肌肉体型的塑造，也在很大程度上受到了其进行力量训练的影响。没有抗阻力的力量训练，人体的肌肉体型难以获得重大改善，格斗力量也是难以取得根本性提高的。

由于李小龙先生所处的时代，系统的训练及体能理论还不甚完善，因此本章中在对其流传下来的传统力量与肌肉训练内容保留的基础上，进行了训练计划的创新和科学整合。

通过查阅相关的图片资料，我们可以看到，李小龙日常是有进行抗阻力训练的：其中既有徒手抗阻力训练，也有器械抗阻力训练。

DRAGON

第一章 | 李小龙式
肌肉体型训练

FLAG

第一节 ———————————
训练前热身

训练前热身的目的：降低训练中拉伤的可能性，提升训练中训练动作动力链的灵活性，提高训练效率。

1. 站立体前屈

功能作用： 发展髋关节及膝关节后侧韧带、肌腱、肌肉、筋膜的伸展性，提升髋关节活动度。

训练时长： 30 秒左右。

动作详解： 训练者两腿并立站直，两脚掌处平行位，分开约 5 厘米距离，脚趾指向前方；随后上肢慢慢前屈，同时双手抱住腿部，下伸，此时应感到臀部、大腿后侧以及腰部有明显拉伸感。动作幅度循序渐进升级，直到双手尽可能抱住自己的小腿后侧或脚踝。

（本拉伸动作在李小龙先生的代表作《猛龙过江》中出现过。）

2. 站立背伸

功能作用： 提高脊柱后弯的柔韧性，同时拉伸腹肌和髂腰肌。

训练时长： 30 秒左右。

动作详解： 初学者可以背对墙站立，然后通过手扶墙向下移动的方法来完成此动作；也可以让别人抱住自己的腰来慢慢完成。无倚靠支撑的背伸可以通过双手撑腰完成。

3. 涮腰

功能作用： 全方位伸展腰部，提高手臂和腰部的整体协调性，降低训练时受伤的可能性。

动作详解： 双臂高举过头顶，腰向前倾做伸臂体前屈，腰向左倾做伸臂体侧屈，腰向后倾做伸臂后仰背伸，最后腰向右倾做伸臂体侧屈。

组次数安排： 顺次摇转 8~12 次，再反方向摇转。

4. 前摆腿

功能作用：动态拉伸股后肌群，并提高前踢力量。本动作可作为前蹬和前踢的基本功训练。

动作详解：

◉ **预备训练—格斗架势：**格斗架势又分左势和右势，此处动作图以左势举例。

左势：一般惯用右手的人会选用的架势。左手和左脚在前，右手和右脚在后，两脚叉开，**左脚脚尖朝向前，右脚脚尖朝向右（双脚延长线相交形成的角度几乎为直角）**。身体的左半侧面面向目标；双手握成拳或微张开，举至肩高。

左手向前微伸出，目的是试探或者阻击；右手护住右下颌或者更高位以护住整张右侧脸。

右势：一般惯用左手的人会选用的架势。右手和右脚在前，左手和左脚在后，两脚叉开，**右脚脚尖朝向前，左脚脚尖朝向左（双脚延长线相交形成的角度几乎为直角）**。身体的右半侧面面向目标；双手握成拳或微张开，举至肩高。

右手向前微伸出，目的是试探或者阻击；左手护住左下颌或者更高位以护住整张左侧脸。

◉ **前摆腿：** 身体成格斗架势（左势、右势均可），抬前腿，膝盖尽力绷直，用力向前向上踢出；再换后腿向前向上踢出。

组次数安排：每侧大踢腿 8~12 次算作一组，每次热身 1~2 组。（本动作在李小龙先生的代表作《猛龙过江》中出现过。）

5. 后摆腿

功能作用： 动态拉伸大腿前侧肌群以及髂腰肌，同时提升股后肌群及下背竖脊肌力量。此动作可作为后蹬腿的基本功训练。

动作详解： 训练者身体成格斗架势（左势右势均可），左脚单脚站立，右腿膝关节微屈向后摆踢，同时训练者从右侧回头看自己右脚，右脚落地后换左腿后摆腿。

组次数安排： 完成 8~12 次算作一组，每次热身1~2 组。

6. 外摆腿

功能作用： 通过动态热身提升髋关节在外展、外旋、扭转动作中的柔韧性和灵活性，降低正式训练时拉伤的可能性。同时，此动作可以作为侧踹腿法的基本功训练。

动作详解： 训练者格斗架势站立。右腿膝关节尽量伸直，先向前高踢，然后向外侧摆动并外旋，回落复位；随后接左腿同样外摆腿动作。外摆时呼气，动作回落时吸气。左右交替，可以加入侧平举保持身体平衡。

组次数安排： 完成16~24次记作一组。

7. 内摆腿

功能作用： 通过动态热身提升髋关节在内收、内旋、扭转动作中的柔韧性和灵活性，降低正式训练时拉伤的可能性，同时，此动作可以作为扫腿腿法的基本功训练。

动作详解： 训练者左脚单脚站立，右腿髋外展并膝伸直，右腿顺时针环转，绕至身体正前方收回；然后接左脚内摆腿。内摆时呼气，动作回落时吸气。左右交替，可以加入侧平举保持身体平衡。

组次数安排： 完成 16~24 次记作一组。

8. 倒三角收缩

功能作用： 提升背部肌群的肌肉募集能力，拉伸背阔肌，摆出倒三角体型。

训练时长： 30秒左右。

动作详解： 训练者沉肩开臂，大臂与躯干在冠状面成45度角，小臂与大臂成120度角，肩部两侧横开并后摆，收缩背阔肌并使背阔肌下沉，随后发力展开背阔肌，使上体呈V字形。收缩腹肌，使腹部形成空腔并在视觉上把上体提高，使腹部显得紧致。

继续者提示

此动作中的易错点：（1）背阔肌未收缩

（2）腹部未形成空腔

（3）肩耸

9. 弓步腰间直拳

功能作用： 通过动态热身提升上下肢交叉发力能力，以及上肢的交替发力能力。

动作详解： 训练者摆出左脚在前、右脚在后的弓步预备动作，双手握拳，双小臂旋后并使双拳收于两侧腰间，右小臂旋前 180 度，右直拳向前打出；然后右小臂旋后 180 度并使右拳收于右侧腰间，同时左小臂旋前 180 度，左直拳向前打出，依次交替。

组次数安排： 完成 8~10 次记作一组，然后右弓步反架，再完成 8~10 次对称方向的动作。

10. 压肩

功能作用： 可以同时拉伸背阔肌、胸大肌和肩关节。

动作详解： 训练者将双臂伸直，搭在前方横杆或者墙上，横杆或手扶墙的高度需要在腰高到胸高之间

（身高相仿的两位训练者互相将双手搭在对方肩膀上是最理想的压肩训练状态）。随后，训练者体前屈，并利用体前屈产生的压力对肩关节施加拉伸作用，可感受到背阔肌、胸大肌和肩关节有拉伸感，保持此姿势 30~60 秒。

第二节
李小龙式肌肉拉力力量训练——
背阔肌与肱二头肌的塑形

一、打造"大鹏展翅"般的背阔肌

如何打造李小龙"大鹏展翅"般的宽阔"倒三角"背阔肌?

李小龙先生的背阔肌,就像展开的蝙蝠翅膀,凸显了其肩宽、背阔、腰细的特点,这也是科学上所说的标准身材。要想打造这种背阔肌形状,我们需要采用慢速练法,充分刺激背阔肌,待背阔肌足够宽阔后,再做爆发力练习和耐力练习。

1. 颈前下拉

功能作用: 此动作主要训练背阔肌的发力能力,同时可以训练到肱二头肌、三角肌后束,本动作可以作为引体向上等动作的基础训练手段。

动作详解： 训练者坐于颈前下拉器前，两脚固定，抬头挺胸，双手握住横杆两侧，握距宽于肩，下拉横杆至下颌位置，然后缓慢放回横杆。下拉时呼气，放回横杆时吸气。

组次数安排： 2~4 组，每组 8~12 次。

2. 宽距引体向上

功能作用： 远固定[⊖]训练。本动作是打造宽背最有效的拉力训练之一，可以有效训练背阔肌、肱二头肌、三角肌后束，并对攀爬类运动有功能性训练效果。本动作可以作为直角引体向上等动作的基础训练手段。

动作详解： 训练者双手抓单杠，握距宽于肩，待训练水平提高后，握距可以尽可能更宽一些。将身体悬垂于单杠下方，用力将身体向上拉，拉至下颌超过单杠。然后缓慢回放成手臂伸直悬吊于单杠下的位置，再做下一次动作。上拉时呼气，回放时吸气。上拉和回放时，腰腿尽量不要摇摆借力。

组次数安排： 2~4 组，每组至力竭（每组次数最好超过 10 次）。

⊖ 肌肉收缩时，定点在远侧端的肌肉收缩固定方式，即肌肉的止点端固定。

继续者提示

（1）后背可呈向后的反弓形或反弧形，这样体位的引体向上对于背阔肌的肌纤维募集更
有效果。

（2）将身体拉至最高位时，可以做3秒顶峰收缩，效果会更好。

3. 正手直角
引体向上

功能作用： 进一步强化背阔肌，提高手臂向上牵引自身体重的能力；同时训练腹
部肌群，增加腹肌强度。待可熟练完成此动作后，可以轻松做出《龙争虎斗》中
李小龙潜入敌人基地时"直角爬绳"的技术动作。

动作详解： 训练者双手正握（掌心向下）抓单杠，握距宽于肩，将身体悬垂于单
杠下方；双腿伸向前，使双腿与躯干成 90 度直角，膝关节尽量伸直。通过背阔肌
的力量将身体缓慢向上拉，拉至下颌超过单杠。然后缓慢回放至手臂伸直悬吊于
单杠正下方的位置。做动作过程中，尽量保持双腿始终向前伸直，大腿与躯干成
直角。动作过程中可以感受到腹肌的酸胀。上拉时呼气，回放时吸气。上拉和回
放时，腰腿尽量不要摇摆借力。

组次数安排： 2~4 组，每组至力竭（每组次数最好超过 10 次）。

4. 杠铃硬拉

功能作用： 本动作可有效提高股后肌群、臀大肌、背阔肌的绝对力量；提高腰部的稳定性和受冲撞时的抗冲击能力。同时，硬拉也是杠铃划船动作的基础。

动作详解： 脚趾朝前，两脚站距宽于臀部。下蹲，掌心向下，在双膝外侧位置抓杠。保持下背挺直，脚跟向地面发力。腿、臀、腰、背依次连贯发力拉起杠铃，同时将臀部向前推，直起腰身，直到杠铃杆拉至大腿前侧。然后，收紧背部，以增加对背阔肌的刺激，保持 1~2 秒顶峰收缩。再缓慢放下杠铃但需保证杠铃不触地，接下一次动作。整个过程保持下背和腰部挺直，不要向前弓腰，以免伤到腰椎。拉起杠铃时呼气，放下时吸气。

组次数安排： 每次训练 2~6 组，每组 8~12 次。

继续者提示

建议久坐伏案工作者或患有腰椎间盘突出症者应避免练习大重量的杠铃硬拉，以免发生危险。

5. 杠铃划船

功能作用： 训练站立体能模式下向后、向上方向的背部肌群拉拽力量，同时可以提高腰腿的稳定性。主要训练背阔肌（可增加背阔肌宽度和厚度）；辅助训练股后肌群、竖脊肌、斜方肌、肱二头肌、小臂抓握肌群。

适合人群： 已熟练掌握杠铃硬拉动作的训练者。

动作详解：

◉ **起始位置：** 训练者身体直立，站距同肩宽，双手握距同肩宽或略宽于肩。采用硬拉动作将杠铃拉至膝部高度，同时背部挺直（不要向前躬）并尽可能平行于地面，尽量仰头向前看，膝关节微屈，臀部向后顶，保持整体平衡。

◉ **动作过程：** 使杠铃杆贴近大腿前侧，自下至上拉起杠铃杆至腰际，并收紧背部肌肉，可在背部肌肉收紧的极限点保持 1~2 秒顶峰收缩。然后缓慢回放杠铃，腰背腿的姿势始终保持起始位置。上拉时可集中意念到背部肌肉发力，再完成第二次动作。上拉时呼气，下放杠铃时吸气。

组次数安排： 2~4 组，每组 8~12 次。

继续者提示

动作过程中保持背部挺直，上拉过程控制速度以免伤到腰椎。

---

6. T杠划船

功能作用： 在格斗中，很多情况下都是利用双手靠近去拉拽对方的头部、道服或者身体的。本训练可以有效提高近手距拉拽能力，从而提高我方对敌方身体的控制能力。此动作主要训练的肌群有背阔肌（集中训练背阔肌内侧）；辅助训练股后肌群、竖脊肌、斜方肌、肱二头肌、小臂抓握肌群。

动作详解：

● **起始位置：** 杠铃杆单侧装铃片，不装铃片的一侧固定在墙角或训练器材夹角处以保证训练时平衡。训练者身体直立，两腿跨过杠铃杆，站距同肩宽，双手一前一后抓住装有杠铃片那一侧的杠铃杆。采用类似硬拉的动作将杠铃拉至接近膝部高度，同时背部挺直（不要向前躬），抬头向前看，膝关节微屈，臀部向后顶，保持整体平衡。杠铃杆始终在训练者胯下。

● **动作过程：** 训练者向上拉杠铃杆，至双手位置接近于自己胸腹部，并收紧背部肌肉，可在背部肌肉收紧的极限点保持1~2秒顶峰收缩。然后缓慢回放杠铃，腰背腿的姿势始终与起始位置时保持一致。上拉时可将意念集中到内侧背部肌肉发力，再完成第二次动作。上拉时呼气，下放杠铃时吸气。

组次数安排： 2~6组，每组8~12次。

7. 直立划船

功能作用： 本训练对斜方肌、三角肌前中束、肱二头肌、小臂抓握肌群均有一定训练效果。

动作详解：

◉ **起始位置：** 身体直立，站距同肩宽。采用硬拉动作将杠铃拉至腰部高度，双手握距同肩宽或略宽于肩。

◉ **动作过程：** 将杠铃杆拉至锁骨高度，上拉时集中意念到肩部肌肉发力，然后缓慢下放杠铃到腰部高度，再完成第二次动作。上拉杠铃时呼气，下放杠铃时吸气。

组次数安排： 选择最大重复次数（RM）在 12 次左右的配重进行练习。每次 3~4 组，每组 10~12 次。

二、打造充满爆发力的肱二头肌

1. 直杆杠铃弯举

功能作用： 主要训练肱二头肌，辅助训练小臂。

动作详解：

◉ **起始位置：** 训练者以反握杠铃硬拉动作提起杠铃，身体直立，握距接近肩宽，使杠铃置于体前。

◉ **动作过程：** 训练者两脚踩实，保持躯干始终挺直，向上屈肘用力，将杠铃弯举到肩部所处高度，保持 1~2 秒顶峰收缩，然后缓慢回放杠铃于体前，再完成第二次动作。弯举时呼气，回放杠铃时吸气。

组次数安排： 2~4 组，每组 8~12 次。

继续者提示

小臂与大臂成45度角时，为杠铃弯举的顶峰收缩位置。

---

2. 曲杆杠铃弯举

功能作用： 通过变换握杠角度，多方位
刺激肱二头肌；同时多方位刺激小臂。

动作详解：

● **起始位置：** 训练者以反握杠铃硬拉动
作提起杠铃，握距根据曲杆曲度自行选
择，身体直立，将杠铃置于体前。

● **动作过程：** 训练者两脚踩实，保持躯
干始终挺直，向上屈肘用力，将杠铃弯
举到肩部所处高度，保持 1~2 秒顶峰收
缩，然后缓慢回放杠铃于体前，再完成第二次动作。弯举时呼气，回放时吸气。

组次数安排： 2~4 组，每组 8~12 次。

继续者提示

小臂与大臂成45度角时，为曲杆弯举的顶峰收缩位置。

---

3. 交替哑铃弯举

功能作用： 利用前臂的旋后，强化肱二头肌力量与线条，刺激肱二头肌长头发力。

动作详解： 训练者以哑铃硬拉动作拉起两只哑铃，使哑铃位于体侧。左臂肘关节
屈曲至最高位置，同时小臂旋后成握哑铃状态，掌心向上；随后，小臂旋前并伸
直左肘成起始状态，同时右臂弯举；两侧依次交替完成。整个动作过程中，躯干
稳定，腰部不要前后晃动借力。

组次数安排： 3~4 组，每组 16~24 次。

4. 坐姿哑铃交替弯举

功能作用： 强化肱二头肌力量与线条，坐姿可以增加稳定性，减少躯干借力，在训练中更有效地集中肱二头肌发力。

动作详解： 训练者坐姿持两只哑铃，使哑铃位于体侧，握哑铃的手掌向内。随后，左臂肘关节屈曲至最高位置，同时小臂旋后成握哑铃状态掌心向上，小臂旋前并伸直左肘成起始状态，同时右臂弯举；两侧依次交替完成。整个动作过程中，躯干保持稳定，腰部不要前后晃动借力。

组次数安排： 3~4 组，每组 16~24 次。

5. 孤立集中弯举

功能作用： 用大重量刺激肱二头肌，同时提高手臂屈曲爆发力。

动作详解： 训练者单手（左手）扶一固定物，左脚在前，右脚在后，身体站稳。右手提一只大重量哑铃，掌心向上持握。随后，右臂肘关节屈曲至最高位置，回落时动作尽量慢速。完成规定次数后，换对侧进行。弯举时呼气，回落动作时吸气。整个动作过程中，保持躯干稳定，腰部不要前后晃动借力。

组次数安排： 3~4 组，每组每侧 8~10 次。

6. 上斜哑铃弯举

功能作用：利用斜面效应，进一步减少人体弯举时躯干的借力，此时肱二头肌集中发力的效果比坐姿哑铃弯举时效果更佳。

动作详解：训练者坐于坐姿上斜哑铃凳上，左右手各持一只哑铃，使哑铃位于体侧，双手掌心朝上。然后，左臂肘关节屈曲至最高位置；随后伸直左肘成起始状态，同时右臂弯举；两侧依次交替完成，并分别在极限位置保持1~2秒顶峰收缩。

组次数安排：3~4 组，每组交替进行 16~24 次；或两侧同时进行 8~12 次。

继续者提示

（1）此动作的顶峰收缩位置为大小臂夹角90度左右的位置。

（2）此动作可以交替进行，亦可以双哑铃同时弯举。

三、李小龙式肌肉拉力力量训练计划

继续者提示

（1）以下两个计划任选其一：单周进行两次训练时，可以各练一次；单周进行一次训练时，可以隔周替换训练计划。

（2）每个动作的组间间歇60~90秒。

1. 主打站立体能模式的拉力力量训练计划

训练动作	训练组数	单组要求
杠铃硬拉	4~6 组	6~10RM
颈前下拉	2~4 组	8~12RM
杠铃划船或 T 杠划船	2~4 组	8~12RM

（续）

训练动作	训练组数	单组要求
直杆杠铃弯举或曲杆杠铃弯举	4 组	8~12RM
交替哑铃弯举或孤立集中弯举	2~4 组	单侧各 8~12RM
坐姿哑铃交替弯举或上斜哑铃弯举	2~4 组	单侧各 8~12RM

注：表格中的 RM（即 Repetition Maximum，意指最大的反复次数。如训练者 15 公斤重量的哑铃弯举完成 10 次就已经完全力竭，那么对他来说 15 公斤重量的哑铃弯举的强度就是 10RM。）

2. 主打攀爬悬吊体能模式的拉力力量训练计划

训练动作	训练组数	单组要求
正手直角引体向上	2~4 组	6~10RM 或力竭
宽距引体向上	4 组	8~12RM 或力竭
杠铃划船或 T 杠划船	2~4 组	8~12RM
直杆杠铃弯举或曲杆杠铃弯举	4 组	8~12RM
交替哑铃弯举或孤立集中弯举	2~4 组	单侧各 8~12RM
坐姿哑铃交替弯举或上斜哑铃弯举	2~4 组	单侧各 8~12RM

第三节

李小龙式肌肉腿部力量训练——
打造灵活而坚实的腿部肌肉

李小龙式的腿部肌肉训练与传统健身中的腿部训练有所不同，属于"力打结合式"训练：其中既有腿部的力量和肌肉训练，也有腿部的攻击腿法训练。这种训练方式与我之前出版的《打造格斗的肌肉》一书中的腿部肌肉训练有一定的相似之处。只不过在李小龙先生所处的时代，受当时条件的局限，腿部肌肉的训练方法相对现在更加简单一些。

通过李小龙力打结合式训练练出的腿部肌肉，肌肉体积虽然没有通过健美训练练出来的大，但是腿部肌肉线条漂亮，而且腿部更加灵活，可以打出更多炫目的腿法，同时人体的步伐也更加轻盈灵动。通过这样的腿部肌肉训练，打造出的腿部力量、速度、应激、平衡、柔韧与耐力素质更加均衡突出，而不是像健身训练那样只提高力量这一单一的体能素质。

一、打造坚实的腿部肌肉

1. 坐姿腿举

功能作用：提高大腿肌肉的力量、增大肌肉的体积。此动作对身体平衡性和腰背稳定性功能要求较低，所以相对安全，新手训练者也较易上手。本动作可以作为杠铃深蹲、单腿深蹲等动作的基础训练。但本动作针对臀大肌的训练效果相对自由重量杠铃深蹲还是有些差距。

动作详解：训练者坐于腿举机上，调整腿举机配重以适应自己单组极限发力完成8～12次训练动作的要求。训练者后背贴紧椅子靠背，双手抓紧把手控制身体平衡，双脚蹬住面前的踏板。脚的位置越靠上，对膝关节的压力越小，所以第一次训练时尽量把脚往上放，然后随着训练水平的提高逐渐将脚部位置向下移，移至脚尖接近膝盖在踏板上的垂直线交点位置。整体原则是膝关节不超过脚尖。注意蹬腿时不要伸膝过直，以免因力量惯性伤及交叉韧带。蹬出动作要快速完成，屈腿收回动作慢速完成。蹬腿时呼气，收腿时吸气。

组次数安排：2～6组，每组8～12次。

2. 史密斯机深蹲

功能作用： 本动作是一项在保证肢体平衡性、腰部稳定性的基础上，对膝关节刺激较小的腿部力量训练，可以作为杠铃深蹲的基础训练。

动作详解： 直立，两脚略宽于肩，脚趾略微朝向外，双手握紧杠铃杆（握距宽于肩宽），将杠铃置于斜方肌肌肉肥厚处，腰部尽可能挺直，上身向上拔。随后，身体尽可能下蹲，大腿至少要与地面平行，膝盖不超过脚尖。动作过程中，始终保持下背挺直。下蹲过程和中国传统武术中的马步动作类似，臀部尽量向后坐，想象着做出如果放一把椅子在身后，并撤掉后的那个身体姿态。最后，站直身体回归起始位。下蹲时吸气，起身时呼气。

组次数安排： 2~6组，每组最大重复次数8~12次。

3. 杠铃深蹲

功能作用：提升大腿、臀部绝对力量，并增加股四头肌和臀大肌肌肉量，增强腰背稳定性和牢固度。

建议零基础者从徒手深蹲以及史密斯机深蹲练起，然后再过度到自由重量杠铃深蹲。

动作详解：直立，两脚略宽于肩，脚趾略微向外，双手握紧杠铃杆（握距宽于肩宽），将杠铃置于斜方肌肌肉肥厚处，从深蹲架上取下杠铃并保持身体平衡。身体尽可能下蹲，大腿至少要与地面平行，控制好膝盖不要超过脚尖以保护膝关节。保持身体挺直或略往前倾，保持下背挺直。随后，站直身体回归起始位。下蹲时吸气，起身时呼气。下蹲过程和中国传统武术中的马步动作类似，臀部尽量向后坐，想象着做出如果放一把椅子在身后，并撤掉后的那个身体姿态。可以拿不加杠铃片的空杆开始练起。

组次数安排：2～6组，每组最大重复次数6～10次。

4. 单腿深蹲

功能作用： 本动作能有效提高腿部蹬踹动作的发力能力以及单腿支撑时的平衡能力。主要针对的肌群是股四头肌、腘绳肌、臀大肌。该动作是徒手训练中能有效提高腿部力量的最大负荷动作之一。

动作详解： 站立位开始，左腿下蹲，右腿前伸使右脚不触及地面，同时两手做前平举以增加身体平衡性；下蹲至左腿大腿尽量与地面平行，保持左膝盖不超过脚尖，身体尽量向后坐（就像马步一样）。站起时，前平举状的双臂自然放于身体两侧。下蹲时吸气，站起时呼气。动作过程中由始至终右脚不触及地面。

组次数安排： 2～4组，每组每条腿完成8～12次或至力竭。

5. 器械腿屈伸

功能作用：孤立强化股四头肌。

动作详解：使用腿屈伸机训练，坐于器械座位上，踝关节前侧勾住挡板，调整好器械配重。缓慢伸直膝关节，到顶峰时，保持1～2秒，然后缓慢屈膝回归起始状态。伸膝时呼气，屈膝时吸气。

组次数安排：3～4组，每组8～12次。

6. 器械腿弯举

功能作用：孤立强化腘绳肌。

动作详解：使用腿弯举器训练，俯卧于腿弯举器上，踝关节后侧向上勾住挡板，调整好器械高度。缓慢屈曲膝关节，到顶峰时，保持1~2秒，随后缓慢伸膝回归起始状态。屈膝时呼气，伸膝时吸气。

组次数安排：3~4组，每组8~12次。

7. 哑铃提踵

功能作用：强化小腿三头肌及踝关节本体感觉。

动作详解：右手单手持一只重量合适的哑铃于体侧，右脚站在一个固定垫高物上（比如木板）。左手扶一固定物以保持身体平衡，抬起左脚并将左脚置于右小腿后以使身体的重量更多地压到右腿上。

右脚慢慢跐起脚尖至极限位置，保持1~2秒，然后缓慢下放脚踵。完成规定次数后换另一条腿。提踵时呼气，下放脚踵时吸气。

组次数安排：训练3~4组，每组24~40次（每条腿各12~20次）。

> **继续者提示**
>
> 本训练可以放在任意力量与塑形训练的最后来进行。

二、打造灵活的腿部肌肉——防止腿部基础力量训练造成的肢体
不灵活

1. 摆拳式旋髋

功能作用： 通过摆拳的动力链，训练人体动态发力时膝关节锁死，髋关节灵活内旋的动力结构，降低膝关节在急停急转时扭伤的概率。

本动作涉及肌肉： 腹内斜肌、腹外斜肌、半腱肌、半膜肌、缝匠肌、股四头肌、小腿三头肌、三角肌前中束，胸大肌也有部分参与。

动作详解： 训练者握拳，左脚在前，右脚在后，两手护住下颌侧面，格斗势左势站立。以发右摆拳为例：蹬右腿（股四头肌发力），送胯右髋内旋（半腱肌、半膜肌、缝匠肌参与发力），右脚踝内扣并脚尖点地（小腿三头肌发力），右脚跟离地；躯干向左微转（腹外斜肌和腹内斜肌发力），向左送右肩（三角肌发力），右臂向左摆击（部分胸大肌发力），右腕始终挺直，打出右摆拳。要求蹬腿、送胯、躯干扭转、送肩、摆击一气呵成，通过动力链发力传导效应打出强力一拳。利用这个动力链刻意训练送胯髋内旋能力，整个过程膝关节锁死，踝关节

放松。摆拳时呼气，动作回归起始位时吸气。格斗势左势完成左右摆拳连击后，格斗势右势完成相同次数。

组次数安排：2~4组，20~32次（单侧臂10~16次）。

2. 扫腿击沙袋

（1）低段扫腿

功能作用：低段扫腿主要训练腿部运动中的单腿支撑、单腿发力能力，可以使步伐更加灵活，腿部肌肉灵动不僵硬。低段扫腿也有实战迁移作用，比如攻击对方膝关节内外侧、腘窝、跟腱等。横向低扫腿砍击，也可以造成大腿内外侧瘀伤和剧烈疼痛。

动作详解：训练者格斗架势站立（以左扫腿为例），右脚尖向右侧外旋并踩实地面，左腿提膝，左髋微外展，向内翻胯，向内低位挥摆左腿并伸膝，用胫骨末端攻击目标——打出一记低扫腿；左扫腿时右手上扬护住右下巴或右脸，左手向下摆动以增加惯性加成，整个过程一气呵成。然后收腿，继续完成第二次扫踢。扫腿时呼气。

此外，我们还可以通过击打靶子的方式来进行低段扫腿训练：持靶者双手持靶，成前弓步状。将靶子置于自己腿部外侧或顶在胫骨前端，击靶过程中始终使靶子紧贴腿部。当受到攻击时，腿部可顺攻击方向后撤以减小打击力——此方法适合力量大的持靶者。也可单手持靶，将胸靶紧贴于大腿后侧，当受到攻击时，紧贴靶子的那条腿可向前摆动以增大缓冲效果——此方法适合力量小的持靶者。

组次数安排：2~4组，每组每腿40~60次，或者每组随机攻击3~5分钟。

（2）中段扫腿

功能作用： 训练腿部运动中的单腿支撑、单腿发力能力，可以使步伐更加灵活，腿部肌肉灵动不僵硬。中段扫腿也有实战迁移作用，比如攻击体侧软肋，有一定概率使肋骨骨折；L或T形站位攻击腹部，如果可以对太阳神经丛产生震荡也有一定TKO（technical knockout，技术性击倒）概率。

动作详解： 支撑腿用力蹬地，拧腰；攻击腿的髋关节外展，大腿与地面平行；抬大腿，伸小腿，从身体外侧中段位置画弧，以小腿胫骨下方攻击对方。踢击时呼气。此外，我们还可以采取攻击双脚靶和攻击大胸靶的方式进行训练。

◉ **攻击双脚靶训练：** 持靶者的两只小臂各固定一只脚靶，两手平行抬起脚靶，靶面45度角朝下。攻击者用中段扫腿连续攻击双脚靶。

◉ **攻击大胸靶训练：** 持靶者纵向持靶，双手掏入靶后的纵向控带，并向上伸，抓住靶上端的横向控带。双手掌心向外抓牢横向控带以避免受攻击时手腕受伤。攻击者可在扫腿前加直拳攻击骚扰，随后请持靶者侧身，攻击者根据持靶者侧身方向立即采取中段扫腿对其进行攻击。

组次数安排：2~4组，每组每腿40~60次，或者每组随机攻击3~5分钟。

（3）高段扫腿

功能作用：训练腿部运动中的单腿支撑、单腿发力能力，可以使步伐更加灵活，腿部肌肉灵动不僵硬；同时对于提高腿部动态柔韧性也是有效的训练。高段扫腿也有实战迁移作用，比如攻击到颈面部或者头侧时，有很高的KO率。李小龙先生在自己的电影里曾多次用高扫腿将对方打倒。

动作详解：训练者格斗架势站立（以左扫腿为例），右脚尖向右侧外旋并踏实地面，左腿提膝，左髋大角度外展，向内翻胯，向内高位挥摆左腿并伸膝，用胫骨末端或脚背攻击目标——打出一记左腿高扫腿；左高扫腿时右手上扬护住右下巴或右脸，左手向下摆动以增加惯性加成，整个过程一气呵成。然后收腿继续完成第二次扫踢。扫腿时呼气。此外，我们还可以通过攻击双脚靶和攻击单手靶的方式进行训练。

● **攻击双脚靶训练**：持靶者的两个小臂各固定一只脚靶，两手平行抬起脚靶至胸部高度，靶面略向下倾斜。攻击者用高扫腿连续攻击双脚靶。

◉ **攻击单手靶训练**：主要训练高扫腿的精准度以及与拳法形成组合的能力。持靶者纵向持手靶，置靶面于胸部高度。攻击者用高扫腿攻击靶面，持靶者感觉到攻击的瞬间手部同向顺移以缓冲高扫腿打击力。

组次数安排：2~4组，每组每腿40~60次，或者每组随机攻击3~5分钟。

3. 侧踹击

功能作用：训练腿部支撑能力以及直线型攻击能力，减少腿部赘肉，同时着重训练臀大肌和臀中肌。实战迁移性在于踹击对方小腹；拉开敌我距离，为我方选择撤离或继续攻击创造机会。高位侧踹是李小龙先生的招牌技术。

动作详解：

（1）侧踹：训练者侧向提膝蓄力并外展髋关节，再迅速向体侧爆发性伸膝展髋，用前脚掌攻击目标——完成一记侧踹腿，踹击时呼气。注意支撑腿脚尖与侧踹方向尽量相反，而不是垂直。

（2）侧上步侧踹：右脚向左移动一小步，使右脚位于左脚左后侧，双脚成交叉步。借助右脚侧移步产生的惯性，起左腿，完成左脚侧踹。此外，我们还可以通过转身侧踹的方式来进行侧踹击训练。

（3）转身侧踹：以左脚为轴身体左转使身体右侧朝向目标，同时做出侧踹腿的技术动作。

组次数安排：2~4组，每组每腿30~50次，或者每组随机攻击2~5分钟。

继续者提示

（1）侧踹时注意调动和感受臀部发力，以增加侧踹的威力。

（2）侧踹攻击到最大距离时保持膝关节微屈，防止侧踹打空时膝关节超伸造成前交叉韧
带拉伤。

（3）侧踹时支撑腿的脚尖方向与攻击腿攻击方向成钝角，甚至可以成平角。

---

4. 截腿攻击

本腿法是李小龙先生常用的一种特殊腿法，主
要攻击对方膝关节内侧、胫骨前端、腘窝或用
来截击对方的低位腿法。职业MMA高手"骨
头"Jon Bones、"蜘蛛人"Anderson Silva也
经常在实战比赛中使用这种腿法。

功能作用：训练腿部单腿支撑能力，同时训练
大腿内收肌群。

动作详解：我方以左势格斗架势站立（以左脚
截腿为例），右脚踏实地面，左腿提膝，左髋关节外展并外旋；然后爆发性用力
向前向下踩击。攻击高度在对方膝关节高度即可。

组次数安排：2~4组，每组每腿30~50次，或者每组随机攻击2~5分钟。

5. 后蹬

李小龙先生的侧踹动作中经常会很大程度上利用到侧踹过程中小转身的后蹬动作，因为后蹬可以充分调动臀部肌群这一大肌肉群的发力，所以其力量和攻击力比单纯的侧踹、正蹬要高。在实战的MMA比赛中，也经常出现转身后蹬对方腹部出现TKO的案例。比如李小龙先生在《龙争虎斗》中的侧踹，最后就是用后蹬作为结束动作的。

功能作用： 训练单腿支撑发力，并作为臀大肌功能性塑形的绝佳训练。深蹲硬拉训练出来的臀部硕大但有蠢笨感，而后蹬训练出的臀大肌浑圆精致、灵动有力，更符合国人的审美。

后蹬这一动作在实战迁移层面的体现为：当对方位于 我方后侧时拉大距离并为转身面对对方创造条件，此时可采取出其不意攻击对方胸腹部和腹股沟的腿法，如果能震荡到太阳神经丛，有一定KO概率；如果可以攻击到对方腹股沟，可能会造成对方重伤。

动作详解：

（1）一般后蹬　以左腿攻击为例。右腿为支撑腿，左腿伸髋，向后快速伸膝蹬出，当脚掌击打到对方时快速收回。攻击时头向后看以确定攻击部位，并顺时针旋胯以增加踢击力度，后蹬时呼气。

（2）转身后蹬　以左转身出左腿为例，面向目标站立，突然以右脚为轴，身体顺时针旋转180度，借旋转的力量向后蹬出左腿以攻击目标。攻击后应马上回归正面面对目标的架势。

后蹬训练的两个方式：

（1）后蹬攻击沙袋或人靶

（2）后踹腿击胸靶

组次数安排：2~4组，每组每腿30~50次，或者每组随机攻击2~5分钟。

> **继续者提示**
>
> （1）后蹬腿时注意臀部（臀大肌）有意收缩发力，以增加攻击力度。
> （2）转身后蹬腿多为出其不意的攻击方法，常规技击中使用频率不高；但是其攻击加成了身体转动的惯性，其攻击威力大于一般后蹬腿。

6. 旋转勾踢绊摔空击

功能作用： 勾踢摔指控制对方躯干，用我方胫骨末端、脚背及胫骨末端与脚背形成的夹角勾踢对方支撑腿的脚踝部，进而摔倒对方的技术。由于勾踢摔中可以利用胫骨末端加成踢击效果，所以摔对方的同时，有勾脚也有踢击。

李小龙先生曾在《猛龙过江》和《龙争虎斗》中多次使用过这一技术。

动作详解： 为了能够把技术动作展示得更清晰，我们借助沙人来演示，初学者可以通过脑补把沙人去掉，用手脚空击模仿这个动作。

训练者双手做空抓动作（想象自己抓住了对方），双脚站立于地面，起左腿内旋勾踢，双手空转并将身体逆时针旋转90度，完成一次勾踢绊摔空击；然后，换另一侧，双脚站立于地面，起右腿内旋勾踢，两手空转并将身体顺时针旋转90度。两侧依次交替进行。本训练动作可作为李小龙式混氧腰腿部塑形训练。

组次数安排： 3~4组，每组20~50次（可负重完成）。

继续者提示

（1）勾踢摔时尽量靠近对方可以减小我方和对方一同旋转时的转动惯量，增加旋转效果并节省我方力气。

（2）勾踢摔时尽量加成低扫踢对方跟腱、小腿肚或腘窝的打击力，如此既能加成打击伤害，又能增加勾踢摔的突然性，提高勾踢摔成功率。

三、李小龙式肌肉腿部力量分离式训练计划

训练动作	训练组数	单组要求
杠铃深蹲或单腿深蹲	2~6 组	6~12RM
坐姿腿举或史密斯机深蹲	2~4 组	8~12RM
器械腿屈伸 + 器械腿弯举——超级组	4 组	8~12RM
摆拳式旋髋	1~2 组	每侧 12~20 次
扫腿击沙袋	1~3 组（空击、击沙袋、击靶子三种扫腿都练或者任选一种）	每侧腿 20~30 次

（续）

训练动作	训练组数	单组要求
侧端击沙袋	1~2 组	每侧腿 20~30 次
一般后蹬或转身后蹬	1~2 组	每侧腿 20~30 次

继续者提示

超级组指组内两个动作间无间歇，连续完成两个动作，再间歇。间歇时间60~90秒。

第四节

李小龙式肌肉推力力量训练——
打造有型又兼具爆发力的胸、肩、肱三头肌

李小龙式的胸大肌并不是肥厚的圆形轮廓胸大肌，而是偏方形轮廓的胸大肌类型。方形轮廓胸大肌可以使男性显得更加阳刚有型，由于李小龙先生所处时代的胸大肌、三角肌和肱三头肌训练技术受条件局限，本书给出的训练内容可以在李式推力肌群的训练理论基础上，使训练者练出的肌肉更加饱满、更具视觉冲击力。

推力力量主要涉及的肌群包括：胸大肌、肱三头肌、三角肌前中束。

一、打造有型又兼具爆发力的胸大肌

1. 俯卧撑

功能作用：最基础的胸大肌塑形训练动作，同时可以提高推击爆发力和出拳击打力，本动作可作为击掌俯卧撑、单拳俯卧撑等动作的基础训练。主要训练胸大肌、三角肌前束、肱三头肌。

动作详解：俯卧位，靠手掌与脚尖支撑身体，两手间距与肩同宽，手掌位于胸肌外沿两侧，身体挺直与地面平行。两臂屈曲，下降身体至胸部几乎贴地，再上推

使手臂伸直记作一次动作。下降身体时吸气，上推身体时呼气。

组次数安排：3~4组，每组20~50次（可负重完成）。

继续者提示

（1）**关于两手间的距离：**两手间的距离越远，俯卧撑动作行程越短，对胸大肌刺激越明显，对肱三头肌刺激越弱化；两手间的距离越近，俯卧撑动作行程越长，对肱三头刺激越明显，对胸大肌刺激越弱化。

（2）**关于手的前后位置：**俯卧撑时双手向前伸得过多，胸大肌和三角肌前束发力越被弱化，所以也就越难做，而此时肱三头肌训练效果会被强化；俯卧撑时双手向后伸得过多，胸大肌发力也会被弱化，但是由于肩关节前伸动作加强，所以此时三角肌前束的训练效果会被强化。

---

2. 单手俯卧撑

功能作用：大负荷徒手训练胸大肌的王牌动作，同时也是"居家旅行必备"的推力肌群训练动作。同时，此动作还可以增强拳法击打力及上肢肌肉的平衡能力。主要训练胸大肌，辅助训练肱三头肌和三角肌前束。本动作可作为单手两指与单手拇指俯卧撑的基础训练。

动作详解：双手俯卧撑位开始。一只手抬起（以左手为例），将左手背于腰后，靠右手和双腿支撑身体；为了达到身体平衡的目的，此时左脚的受力应大于右脚。下降身体使胸部尽可能接近地面，然后右臂发力猛地撑起身体。下降身体时吸气，撑起身体时呼气。

组次数安排：2~4组，每组每侧10~20次或至力竭。

3. 五指俯卧撑

功能作用：可以作为单手两指与单手拇指俯卧撑的基础训练。其特色在于，可以通过训练增加指戳攻击的威力。

动作详解：以双手俯卧撑位作为起始动作，靠五指和双腿支撑身体。下降身体使胸部尽可能接近地面，然后双臂缓慢撑起身体。下降身体时吸气，撑起身体时呼气。

组次数安排：2~4组，每组每侧8~12次或至力竭。

4. 杠铃卧推

李小龙先生卧推的方式是"快推快放不停顿"，因此其胸肌虽然面积不大，但是线条感非常明显。兼具爆发力和耐力的胸肌正是快速的推举造就的。在曾经公开的内容中我们可以看到李小龙的卧推训练计划：其用72公斤重量进行3组，每组10次卧推，再用45公斤重量进行20~30次卧推，然后调高或调低卧推凳进行不同角度的练习。

功能作用：把提高推力力量、推力爆发力、推力爆发力与耐力整合到一起的训练方法，不会训练出体积特别硕大的胸大肌，但是会使胸肌更加有型，兼具力量、爆发力和耐力的多功能性。

此动作可有效训练胸大肌、三角肌前束、肱三头肌。

动作详解：平躺于卧推平凳上，两脚平放于地面，双腿放松不发力。下背拱起成反弓形，肩胛骨收紧，仰卧抓杠，握距宽于肩，杠铃杆在眼睛正上方。从卧推架上取下杠铃，下降杠铃直到手肘成45度角，杠铃杆触及胸部下沿，然后将其上举至最高点。上举时呼气，下降杠铃时吸气。

组次数安排：2~8组，采取每组最大重复次数8~12次的重量。

金字塔式卧推组次数安排：

第一部分：3~4组，采取每组最大重复次数10次的重量。

第二部分：1~2组，采取每组最大重复次数20~30次的重量。

继续者提示

（1）宽握距会对胸大肌刺激更强，但握距过宽又会对肩峰造成磨损；窄握距对肱三头肌刺激更强，但握距过窄又会给腕或肘造成过多压力。

（2）如果卧推的重量过大，可以采用桥式卧推技术：利用双脚向地面发力，上背弓起发力，通过胸、肩、肱三头肌的动力链发力完成卧推。这种卧推可以助你举起更大重量，同时提高格斗的整体发力能力。

---

5. 上斜哑铃推举

功能作用： 强化胸大肌上部的塑形，避免出现胸肌下垂。

动作详解： 双手各握一只哑铃完成一次哑铃硬拉，将哑铃提至腿前，坐于训练上斜凳上，并后仰保持身体平衡，拳眼相对，保持腕关节锁死，双肘打开使大臂平行于地面。降低双臂至胸肌充分打开，然后推起哑铃至锁骨正上方，随后返回起始位。推起哑铃时呼气，下放哑铃时吸气。

组次数安排： 2~4组，每组8~12次。

6. 上斜哑铃飞鸟

功能作用： 集中训练胸大肌上部，增加胸沟深度。

动作详解： 训练者斜躺于训练用上斜凳上，双手各持一只哑铃，双臂收在体侧，随后将哑铃上举至胸部正上方，双臂伸直并将握哑铃后的双手掌心相对，使哑铃尽量靠近或者接触到。双脚蹬地控制好身体平衡，双手持哑铃，肩关节外展至最大限度位置，使大臂与地面平行或者略成负角。随后肩关节竖直向上内收，双手持哑铃向胸前做"抱"的动作，直至两个哑铃触碰。下降哑铃时尽可能慢速，哑铃到达最高点时可以顶峰收缩控制1~2秒。上举时呼气，下放时吸气，使用大重量哑铃时可以微屈肘关节以起到保护作用。

组次数安排： 3~4组，每组10~12次。

继续者提示

上斜哑铃飞鸟也可以在哑铃下降到最低点时进行离心式顶峰收缩1~3秒。

二、打造格斗型三角肌

李小龙式的格斗型三角肌是饱满健硕的，在推力肌群所涵盖的胸大肌、三角肌、肱三头肌中，三角肌非常重要，是衡量一名格斗士身材的关键标准。无论是李小龙、泰森，还是 MMA 名将"蜘蛛人"Anderson Silva，都拥有相当强大的三角肌。

1. 站姿杠铃推举

适用人群： 有良好的深蹲、硬拉、杠铃划船训练基础且无腰部伤病者。

功能作用： 主要训练三角肌（侧重前中束），辅助训练腿部、核心、胸部、背部肌群。

动作详解：

◉ **起始位置：** 选择坐姿杠铃推举最大负荷重量的50%~75%重量进行站姿杠铃推举。双手握杠，握距和双脚站距略宽于肩，身体前倾，膝部和臀部微屈，背部挺直成反弓形。双脚突然向地面发力，伸膝，伸髋，挺腰，上提杠铃至胸部高度，并突然将杠铃翻起使训练者掌心朝上，使杠铃杆抵在训练者胸部上沿位置。

◉ **动作过程：** 在起始位置的基础上，训练者用力将杠铃举过头顶，并两臂伸直；再缓慢回放至起始位置。推起杠铃时，训练者可微微仰头，同时可腿部微屈再伸膝借力完成推举动作。推起杠铃时呼气，回放杠铃至胸部上沿时吸气。最后将杠铃按准备动作的相反发力顺序放回地面位置。

组次数安排： 2~6 组，每组 8~12 次。

继续者提示

（1）一般训练者需在教练指导下完成动作，腰肩腿有伤者不宜练习此动作。
（2）训练时注意体会肌群由下至上逐级加力过程。

2. 站姿杠铃颈后推举

功能作用： 此动作主要训练三角肌（侧重训练三角肌中后束），辅助训练腿部、核心、背部肌群。

动作详解：

◉ **起始位置：** 选择坐姿杠铃推举最大负荷重量的50%~75%重量进行站姿杠铃颈

后推举。先完成一次高翻；接一次杠铃推举；随后在杠铃下降的过程中，让杠铃降到颈后斜方肌肥厚处。也可以采用从深蹲架上扛下杠铃的方法。

◉ **动作过程：** 在起始位置的基础上，双腿打开与肩同宽，脚尖略微朝外。运动中背部始终保持挺直。微蹲蓄力，蹬腿瞬间，由腿、躯干、肩、手臂动力链发力伸直手臂将杠铃举过头顶，同时呼气。暂停1~3秒，顶峰收缩后，将杠铃下降。然后从第二次推举开始，不必每次都把杠铃降至斜方肌上。上推杠铃时呼气，下降杠铃时吸气。

组次数安排： 2~6组，每组8~12次。

继续者提示

（1）本动作必须以站姿杠铃颈前推举为基础，腰、肩、腿、颈椎有伤者不宜练习此动作。

（2）举起和降低杠铃时，一定确保背部挺直。

3. 坐姿哑铃推举

功能作用： 集中训练三角肌（侧重于前中束）。

动作详解： 训练者坐姿，双手各持一只哑铃，将哑铃移至肩部正上方。双肘打开，使掌心朝向前，双肘成直角，大臂与地面平行。然后举起哑铃，使两只哑铃几乎碰到一起；再缓慢放下。举起时呼气，下放时吸气。

组次数安排： 训练2~4组，每组8~12次。

4. 哑铃交替前平举

功能作用： 集中强化三角肌前束，增加肩部前侧饱满度。

动作详解： 训练者双手各握一只哑铃，将哑铃拉至自己身体两侧。随后左臂伸直并向前伸，完成一次前平举动作；在左臂回放到体侧的同时，右臂完成前平举；两臂依次交替进行前平举。前平举发力时采取中速，回放动作时改为慢速。

组次数安排： 3~4组，每组每只手臂10~12次。

5. 哑铃侧平举

功能作用： 集中训练三角肌中束。

动作详解： 训练者双手各持一只哑铃于体侧。两肘夹角成 150~170 度之间，完成持哑铃手臂的侧平举。使手臂与地面平行，掌心向下，然后缓慢回放手臂至体侧。侧平举时呼气，回放手臂时吸气。

组次数安排： 3~4 组，每组 8~12 次。

继续者提示

（1）肘关节不要伸太直，保持微屈以避免肘关节负荷过大。

（2）下沉肩胛骨。完成此动作时不要耸肩，以免斜方肌借力。

（3）在做回放动作时，可以把哑铃回放成在体前且掌心相对的状态。

（4）整个动作过程中，哑铃的运动轨迹是一条冠状面内的弧线。

6. 格斗杠铃平推

功能作用： 提高出拳击打力。着重训练三角肌前束。

适合人群： 可以轻松完成站立杠铃推举动作者。

动作详解： 训练者选取小重量杠铃（重量约为站姿杠铃推举配重的四分之一或更低）。训练者先从地面握住杠铃，完成一次杠铃高翻，将杠铃置于肩部所在平面。随后，爆发性前推杠铃至手臂伸直后，快速收回杠铃至高翻位，再次完成下一次爆发力前推，依次往复，完成规定次数。前推时呼气，回拉时吸气。

组次数安排： 2~4 组，每组 12~20 次。

7. 杠铃前平推—收回—锁住

功能作用：强化三角肌和肱三头肌。主要训练目的以三角肌塑形为主，肱三头肌在此动作中，只负责提供爆发力。本动作以格斗杠铃平推为基础。

动作详解：训练者选取小重量杠铃（重量约为站姿杠铃推举配重的四分之一或更低）。训练者先完成 10 次格斗杠铃平推，当进行到第 11 次时，把杠铃平推到最远位置，保持住，做静力杠铃前平举 20 秒。

组次数安排：2~4 组，每组 10+1 次。

三、打造格斗型肱三头肌

1. 钻石俯卧撑

功能作用：徒手训练肱三头肌的入门方法，此动作也可以提高直拳发力和技击中的推力能力。辅助训练胸大肌和三角肌前束。本动作以徒手俯卧撑作为基础。

动作详解：俯卧位，靠手掌与脚尖支撑身体，两手间距尽量靠近，两手食指和大拇指围成菱形，就像钻石的某个截面。手掌位于胸肌内侧位，身体挺直与地面平行。两臂屈曲，下降身体至胸部几乎贴地，再上推使手臂伸直记作一次动作。下降身体时吸气，上推身体时呼气。

组次数安排：3~4 组，每组 10~20 次或至力竭。

继续者提示

若手指或腕部有疼痛感，停止该训练，降级为普通俯卧撑。

---

2. 仰卧杠铃臂屈伸

功能作用：着重训练肱三头肌的外侧头。本训练需采用较小重量练习。

动作详解：

● **起始位置**：仰卧于平凳上，让头部刚好位于凳子的末端或头顶微微超过平凳边缘，双膝弯曲，双脚平放于地面，正握杠铃杆，双手大拇指的间距大约20厘米。

向后屈肘，至杠铃于脑后。始终尽量保持大臂垂直于地面。

⊙ **动作过程：** 伸直肘部，将杠铃向上举起，直到手臂伸直锁定；保持肘部不动
1~3秒，进行顶峰收缩，有控制地缓慢下放重量，回到起始位置。

组次数安排： 3~4 组，每组 8~12 次。

> **继续者提示**
>
> 若头部躺于远离平凳边缘的位置，则无法将杠铃下放得足够低，从而不能充分地伸
> 展肱三头肌。

3. 绳索下压

功能作用： 集中训练肱三头肌的长头部分。

动作详解： 并脚站立，膝盖微屈，挺胸收腹，腰背挺直，身体略向前倾，上臂夹
紧肋部并保持不动。腕关节放松，肩胛骨下沉，双手握住绳索根部，慢慢向下压

至双臂接近伸直，然后沿绳索分叉方向向两侧分开至体侧，同时小臂旋前，把绳索拉直。顶峰收缩 1~2 秒。随后还原动作。下压时呼气，还原动作时吸气。

组次数安排：3~4 组，每组 8~12 次。

> **继续者提示**
>
> （1）在做绳索下压动作时，上身不要晃动，需要完全靠三头肌力量下压绳索，不能靠身体重力完成动作。
> （2）肘关节始终夹紧肋部，大臂固定，不能前后移动。动作全程中只有小臂运动。
> （3）下压至胳膊将近伸直时，要马上旋转前臂，让肱三头肌外侧极度收紧，提升训练效果。

4. 单臂哑铃颈后臂屈伸

功能作用： 在坐姿体能模式中强化肱三头肌。

动作详解： 一只手持哑铃，坐于平凳上，另外一只手自然摆放。持哑铃手臂高举过头，然后屈肘，小臂向头后运动，使哑铃缓慢回落到脑后。此为起始动作。随后伸肘，重新使手臂伸直，并将哑铃高举过头。屈肘时吸气，伸直手臂时呼气。

组次数安排：3~4 组，每组 8~12 次。

5. 哑铃俯身臂屈伸

功能作用： 强化肱三头肌线条。

动作详解：

◉ **起始位置**：右手扶住平凳，右膝跪于平凳上，向前屈体，保持腰背挺直或者略向后反躬，抬头。左手握哑铃，使握铃的上臂贴靠身侧，与上体平行。屈肘，使前臂自然下垂。

◉ **动作过程**：上体和上臂保持不动，收缩肱三头肌，将前臂向身体后上方挺伸，直至左肘完全伸直，同时彻底收缩肱三头肌并使左小臂旋前至掌心向上。静止1~2

秒完成顶峰收缩。再屈肘，让前臂徐徐下垂到起始位置。左臂完成规定次数后，换右臂完成同样次数。伸臂时呼气，下垂小臂时吸气。

组次数安排：3~4 组，每组每侧 8~12 次。

6. 双杠臂屈伸

功能作用： 提高训练者向下的推力发力能力，在站立位推压压制地面位时可以运用；同时在攀爬类军事训练中可以用以支撑身体，完成动作；还对提高出拳的力度有一定作用。此动作主要发展胸大肌（偏下胸肌）和肱三头肌。

动作详解： 找一架双杠，两手支撑身体上双杠。使两臂尽量伸直，然后慢慢屈曲手肘，使身体下降至胸部尽可能低于双杠的横杠，随后肱三头肌发力，伸臂，支撑起身体回归起始位置。撑起身体时呼气，下降身体时吸气。

组次数安排：2~4 组，每组 8~12 次或力竭。

继续者提示

训练时可以加负重（吊杠铃片）完成。

---

7. 团身双杠臂屈伸

功能作用： 此动作为双杠臂屈伸类动作中肱三头肌发力占比最高的动作。此动作能在刺激肱三头肌与下胸肌的同时训练腹肌。

动作详解： 找一架双杠，两手支撑身体上双杠。使两臂尽量伸直，两腿前屈，髋关节屈曲 90 度，膝关节屈曲 90 度，使身体团起。在身体团起的基础上，慢慢屈曲手肘，使身体下降至胸部尽可能低于双杠的横杠，随后肱三头肌发力，伸臂，支撑起身体回归起始位置。撑起身体时呼气，下降身体时吸气。

组次数安排： 2~4 组，每组 8~12 次或力竭。

四、李小龙式肌肉推力力量训练计划

> **继续者提示**
>
> （1）以下三个计划每次训练时可以任选一个。若是单周两次训练，可以每周选两个计划并轮换；若是单周一次训练，可以每周轮换。
>
> （2）组间间歇60~90秒。

1. 器械主导计划

训练动作	训练组数	单组要求
杠铃卧推	4~6 组	6~12RM
上斜哑铃推举 或 上斜哑铃飞鸟	2~4 组	8~12RM
坐姿哑铃推举	2~4 组	8~12RM
哑铃交替前平举 或 格斗杠铃平推 或 杠铃前平推－收回－锁住	2~4 组	8~12RM
哑铃侧平举	2~4 组	8~12RM
绳索下压	2~4 组	8~12RM
仰卧杠铃臂屈伸或单臂哑铃颈后臂屈伸或哑铃俯身臂屈伸	2~4 组	8~12RM

2. 徒手主导计划

训练动作	训练组数	单组要求
团身双杠臂屈伸	2~4 组	8~12 次或至力竭
单手俯卧撑 或 五指卧撑	2~4 组	8~12 次或至力竭
双杠臂屈伸（可负重）	2~4 组	8~12 次或至力竭
坐姿哑铃推举	2~4 组	8~12RM
格斗杠铃平推或杠铃前平推－收回－锁住	2~4 组	8~12RM
钻石俯卧撑	2~4 组	8~12 次或至力竭

3. 三角肌主导计划

训练动作	训练组数	单组要求
站姿杠铃颈后推举	4~6 组	6~12RM
坐姿哑铃推举	2~4 组	8~12RM
杠铃卧推	4 组	前 3 组 10 次，第 4 组 20~30 次
哑铃交替前平举或格斗杠铃平推或杠铃前平推－收回－锁住	2~4 组	8~12RM
哑铃侧平举	2~4 组	8~12RM
绳索下压	4 组	8~12RM

第五节
李小龙式肌肉核心力量训练——腰腹塑形

《黑带》杂志社经理三户上原回忆说："李小龙特别注意腹肌力量训练，他说如果没有强有力的腹肌，那么干一切事情都没门儿。"李小龙之妻琳达说："李练习腹肌简直到了'走火入魔'的程度——仰卧起坐、罗马椅、悬垂举腿、倒挂起身……凡是能想到锻炼腹部的方法，李小龙都有所涉猎。"当然，李小龙先生还发明了新动作"龙旗"。

李小龙先生的腹肌非常发达，是强大核心力量的"发动机"，是"腰马合一"的力量源泉之一，同时也是拳腿动力链的力量中转站。李小龙的腹肌虽然发达，但不夸张，自然而有美感。

一、打造强有力的核心肌群

1. 斜板仰卧起坐

功能作用： 提高核心力量对上半身屈曲位的牵引能力。强化腹直肌，尤其是上段腹直肌。

动作详解： 将腹肌板调成下斜板，训练者两脚勾住上方挡板，两手握拳于头两

侧，将身体后仰至腹肌板底部。腹肌缓慢发力，感觉脊椎从第一胸椎开始一节一节地发力，有明显脊柱力量传导感，完成仰卧起坐动作；随后继续后仰，缓慢下降，还原到起始动作。身体起坐时呼气，身体仰躺时吸气。

组次数安排：2~4组，每组20~50次。

继续者提示

不要抱头完成仰卧起坐，以免造成对颈椎的压迫，尤其伏案工作者更要避免抱头仰卧起坐的动作。

2. 仰卧举腿

功能作用： 提高核心力量对腿部的牵引能力，对于前踢类腿法发力有辅助训练作用；同时该训练是三角绞式举腿、剪腿式举腿、下位十字固式举腿等动作的基础训练。本动作主要训练腹直肌（偏下腹部），辅助训练髂腰肌。

动作详解： 训练者仰卧于瑜伽垫上，双手抓住脑后方可支撑物或放于身体两侧按

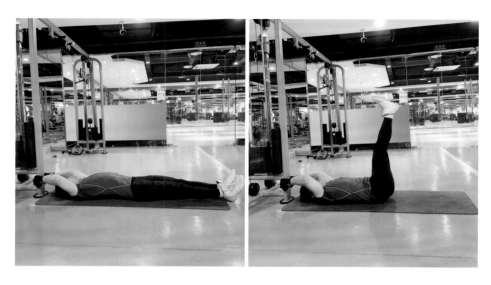

住垫面；膝部微屈，将双腿尽量上举，每次动作要尽量使臀部抬离垫面；随后缓慢放下双腿成仰卧位。举腿时呼气，下放腿时吸气。

组次数安排：2~4组，每组20~50次。

3. 交叉卷腹

功能作用： 强化腹部肌群，对上腹部和下腹部均有明显的训练效果。同时对人体躯干动态平衡能力也能起到良好的训练作用。

动作详解： 训练者仰卧于瑜伽垫上，两臂屈肘，手轻放于头两侧，两腿伸平。躯干屈曲，收左膝尽可能接近胸部，同时用右肘去触碰左膝，右腿伸直不动；随后身体伸展成起始状态；接躯干屈曲，收右膝尽可能接近胸部，同时用左肘去触碰右膝，左腿伸直不动。依次交替，完成规定次数。

组次数安排： 2~4组，每组50~100次；或者升级为每组连续做3~5分钟。

4. 仰卧起坐 + 躺地前举腿

功能作用： 训练腹直肌上下段交替发力能力，模拟拳腿交替调动腹直肌的状态。对于腹肌塑形的效果要比单独的仰卧起坐与仰卧举腿更佳。

动作详解： 训练者仰卧于垫子上，两臂屈肘，手轻放于头两侧，两腿屈膝，脚平放于垫面。卷腹，完成一次仰卧起坐；接平躺，两腿伸直，完成一次仰卧举腿；再平躺屈膝，接一次仰卧起坐……依次交替，完成规定次数。

组次数安排： 2~4组，每组30~50次。

5. 罗马椅挺身

功能作用： 提高核心肌群的整体发力能力及对上半身的牵引能力。主要训练竖脊肌；辅助训练腘绳肌、斜方肌上束、胸锁乳突肌、颈夹肌。

动作详解： 训练者两脚后侧别住罗马椅挡板，充分固定腿部。随后双手轻轻抱脑后（或两手置于头两侧），身体向前下弯至极限；随后竖脊肌发力，身体挺起并向后仰，直至上半身和腿部成一条直线。下弯身体时吸气，挺身时呼气。

组次数安排： 2~4组，每组15~30次。

继续者提示

有一定训练基础者，训练时可以负重抱杠铃片完成。

---

6. 悬垂举腿

功能作用： 此动作主要训练腹肌下段，是单杠团身上杠的基础训练。

动作详解： 训练者两手抓单杠，握距宽于肩，将身体悬垂于单杠下方。随后，屈髋并将脊椎屈曲，尽可能高地举起双腿，使两脚触及单杠，然后回归杠下身体悬

垂位，此过程记作一次动作。膝部尽量不要弯曲，不要借力。

组次数安排：2~4组，每组至力竭，最好每组重复次数超过10次。

7. 龙旗——完成李小龙式的龙旗腹肌训练

李小龙式的龙旗，可谓是一个独具特色的动作，此动作难度高，但是一旦练会，一次动作收获的效果要抵 N 次仰卧举腿和仰卧起坐。另一个关键是龙旗动作是一个离心收缩动作，除了可以训练腹肌，还可以增强腹肌对于腰部的功能性保护作用，属于高阶保腰护腰动作。

第一级：仰卧举腿（详细内容见前文）

第二级：蹬天式举腿

功能作用：强化腹直肌的控制力以及静力力量，辅助训练髂腰肌的静力力量。

动作详解： 训练者仰卧于瑜伽垫上，双手平放于身体两侧；髋关节屈曲 90 度，膝部伸直或微屈，将双腿上举，并保持这一姿势，作为起始状态。然后腹部发力，尽可能用两只脚的脚底去蹬天花板并使臀部尽可能高地抬离垫面；在最高点时，尽可能使髋关节成中立位，并保持 1 秒。随后缓慢下降双腿成起始位置。举腿时呼气，下放腿时吸气。

组次数安排： 2~4 组，每组 20~50 次。

继续者提示

不要靠屈膝、伸膝来借力，向天空蹬腿动作过程中始终锁死膝关节。

第三级：龙旗臀举

使躯干、臀髋、大腿、小腿成一条悬空线段的动作，也是形成龙旗动作的基本技术动作。

动作详解： 训练者平躺于地面、平凳或者下斜凳，双手向头后伸，必须能抓到一个固定物。随后抓住固定物，若是平凳可抓平凳边缘。做一次仰卧举腿，把臀部、尾椎抬离地面，此时大腿与躯干成钝角；然后突然腾空，臀部收缩，向前挺髋，使躯干、臀髋、大腿、小腿成一条悬空线段，此线段与地面形成夹角的角度在45~60 度之间。然后屈髋，将臀部放于地面；接第二次挺髋，躯干、臀髋、大腿、小腿成一条悬空线段。动作过程中始终保持腿部悬空，膝关节伸直或微屈。挺髋时呼气，臀部下降时吸气。

组次数安排： 2~4 组，每组 10~30 次。

第四级：龙旗交替抬腿

仰卧交替抬腿的终极升级动作。

动作详解： 训练者平躺于地面、平凳或者下斜凳，双手向头后伸，必须能抓到一个固定物。随后抓住固定物，若是平凳可抓平凳边缘。完成一次龙旗臀举，使躯

干、臀髋、大腿、小腿成一条悬空线
段，此线段与地面的夹角角度在45~60
度之间。然后保持躯干的角度，下放
左腿，接右腿下，左腿上；右腿上，
左腿下；依次交替。每摆一次腿，计
数一次。

组次数安排：2~4 组，每组 10~30 次。

第五级：龙旗踩踏

仰卧蹬自行车的终极升级动作。

动作详解：训练者平躺于地面、平凳或者下斜凳，双手向头后伸，必须能抓到一
个固定物。随后抓住固定物，若是平凳可抓平凳边缘。完成一次龙旗臀举，使躯

干、臀髋、大腿、小腿成一条悬空线段，此线段与地面的夹角角度在45~60度之间。然后保持躯干的角度，右腿屈髋屈膝回收；接右腿伸髋伸膝伸直，同时左腿屈髋屈膝回收；接左腿伸髋伸膝伸直，同时右腿屈髋屈膝回收。就像在空中蹬自行车一样。每摆一次腿，计数一次。

组次数安排：2~4 组，每组 10~30 次。

第六级：龙旗

功能作用：打造李小龙特有的招牌腹肌。该动作不但能打造无与伦比的腹肌，同时可以练就强大的核心力量。就连世界顶级MMA选手的力量训练教练查因姆伯格也这样认为，他说："动作的关键是要慢，如果你能坚持完成几组，你将觉得很有挑战。"主要训练腹直肌、腹横肌、竖棘肌、髂腰肌、肩带肌群（负责固定上肢）。

训练动作详解：平躺于下斜凳或平凳上，双手伸向脑后，抓住平凳边缘，身体绷紧（包括斜方肌、背阔肌、手臂、腹部及腿部等相关肌肉群绷紧以控制住身体）。完成一次龙旗臀举，使躯干、臀髋、大腿、小腿成一条悬空线段，此线段与平凳形成的夹角角度需大于60度。此时身体只有肩胛骨处触及平凳表面。保持腹肌绷紧，身体尽可能向空中挺直。慢慢放下躯干，挺髋部与双腿，直至双腿接近平凳表面。整个下放动作中，始终使躯干、臀髋、大腿、小腿成一条悬空线段。然后开始做第二次动作，继续向空中做龙旗臀举。

> **继续者提示**
>
> （1）顶峰收缩：当身体与地面成45度角时停住身体，保持1~3秒顶峰收缩。
> （2）离心计数：离心计数是一种特殊的动作计数方式，主要针对动作中的肌肉离心收缩阶段进行计数。比如，蹬天式举腿，上蹬时腹肌向心收缩，不计数；回落时，腹肌离心收缩，记一次数。因为龙旗动作也是离心计数，所以我们要先通过蹬天式举腿练习离心计数。
> （3）反向呼吸：动作下放时呼气，龙旗臀举时吸气。

二、李小龙式肌肉腰腹分离式训练计划

> **继续者提示**
>
> （1）本训练模块的内容不是单独训练的内容，而是需要与其他训练模块的内容结合训练。比如可以加在推力力量训练、拉力力量训练或者腿部力量训练中。
> （2）以下三个训练采用超级组训练形式，超级组内三个动作间无间歇，连续完成三个动作，再间歇一次。间歇时长为60~90秒。

训练动作	训练组数	单组要求
龙旗 或 悬垂举腿 或 龙旗的预备训练 或 仰卧举腿		8~20 次
罗马椅挺身	4~6 组	12~20 次
斜板仰卧起坐 或 交叉卷腹 或 仰卧起坐 + 躺地前举腿		20~30 次

第六节
李小龙式粗壮小臂训练

李小龙先生的小臂相当粗壮，他几乎每天坚持练习小臂力量，这保证了他惊人的抓握力、腕力、指力和寸拳力量。

下面介绍李小龙式的粗壮小臂养成法，总结起来有3个要点，即：低次数、大重量、多组数。

一、打造李小龙式粗壮小臂

1. 反握杠铃弯举

功能作用：对提升腕部稳定性有良好的训练效果。该训练可降低直拳攻击时腕部受伤的概率。此训练能有效训练前臂伸肌群、肱桡肌，辅助训练肱二头肌。

动作详解：掌心向下抓握杠铃，并将杠铃置于体前，站距与肩同宽站立，双肘夹紧身体。用力向上弯举杠铃到肩部高度，尽量使掌心有朝向前面的趋势；再缓慢下降杠铃至起始位。小臂与地面接近平行时为顶峰收缩位，顶峰收缩1~3秒。弯举时呼气，下放杠铃时吸气。

组次数安排： 3~4组，采取每组最大重复次数8~12次的重量来训练。

<u>继续者提示</u>

有网球肘者或者在本动作过程中出现肘关节不适者，需放弃本训练。

2. 哑铃正握腕弯举

功能作用： 从内侧面强壮小臂，此动作是训练小臂屈肌肌群的基础力量训练动作，可以提高屈腕发力类关节技（比如 Z-LOCK、外侧腕锁、外旋腕）的攻击威力。

动作详解：

◉ **起始位置：** 训练者坐姿，右手掌心向上，手握一只哑铃，右小臂背侧紧贴自己右侧大腿，用左手扶住右腕以在力竭时保护右腕，减少腕关节受伤的风险。

◉ **动作过程：** 先慢速向下伸腕到极限位置，然后快速向上屈腕到极限位置。训练速度方面伸腕慢，屈腕快；如果是初级训练者，为了保证腕关节不受伤可以屈伸腕关节时皆用慢速。动作全程小臂没有多余动作，屈腕时呼气，伸腕时吸气。完成右腕训练，换左腕完成同样次数动作。

组次数安排： 3~4 组，每组 8~12 次。

3. 哑铃反握腕弯举

功能作用： 此动作可从外侧面强壮小臂，增加手腕摆脱技术的发力能力，提高小臂格挡能力，健壮小臂外侧。

动作详解：

◉ **起始位置：** 训练者坐姿，右手掌心向下，手握一只哑铃，右小臂内侧紧贴自己右侧大腿，用左手扶住右腕以在力竭时保护右腕，减少腕关节受伤的风险。

◉ **动作过程：** 先慢速向下屈曲腕到极限位置，然后快速向上伸腕到极限位置。训练速度方面屈腕慢，伸腕快；如果是初级训练者，为了保证腕关节不受伤可以屈伸腕关节时皆用慢速。动作全程小臂没有多余动作，伸腕时呼气，屈腕时吸气。完成右腕训练，换左腕完成同样次数动作。

组次数安排： 3~4 组，每组 8~12 次。

4. 哑铃手腕扭转

功能作用： 增加腕部扭转状态时的牢固度，提高腕关节扭转状态的受力能力。训练肱桡肌、旋前圆肌、旋前方肌、旋后肌。本训练可以增加外侧腕锁及十字手关节技的发力能力。

动作详解：

◉ **起始位置：**训练者站姿，肘关节成直角，双手掌心向上握稳哑铃。

◉ **动作过程：**两小臂慢速旋前180度，至持哑铃的双手掌心向下，随后两小臂旋后180度，回归起始位，接第二次动作。旋前时呼气，旋后时吸气；动作过程中肘关节始终成直角，手肘锁住不动，只旋小臂。

组次数安排：3~4 组，每组每侧 8~12 次。

5. 绳索卷腕

功能作用：此动作可以从内侧面强壮小臂，提高内卷腕的发力能力，增强手臂屈肌肌群以及抓握肌群的力量，对于掰手腕和很多攻击腕关节的关节技发力有良好的训练效果。

动作详解：找一短横杆，中间栓一根牢固绳索，绳索下系一重物（如杠铃片）。训练者双手握住横杆两端，完成一次前平举，让重物悬吊于绳下，两手腕交替屈曲上卷横棒，使重物逐渐被上卷至横棒高度。然后反向下卷横棒使重物回归起始位，记作一次动作。

组次数安排：4 组，每组完成 8~10 次。

6. 寸拳击打沙袋

功能作用：增加小臂强壮度，增加寸拳威力。

动作详解：以格斗架势作为起始动作，此处以身体右侧在前为例。抬起右手臂，

将右手中指触及沙袋上，掌心向左。左脚蹬地，左脚跟抬起，右腿向前微滑步，速度由左腿、躯干、右腿、右臂向前传递，同时右手握拳，用拳面击打沙袋。随后，微后撤步，打开右手掌，右手中指触沙袋，掌心向左，再进行第二次寸拳训练。完成右侧寸拳，换架位，左侧寸拳完成相同次数。攻击时呼气或闭气，收回动作时吸气。

组次数安排：2~4 组，每组每侧 10~30 拳。

继续者提示

（1）击打刹那间要握紧拳头，由于撞击力量加成了双腿和微前滑步的力量，冲击力大，会感到小臂有明显的震荡感。所以，建议初学者从慢速训练开始，以确保安全。

（2）注意意念控制动力链中的速度传导与力量加成。

二、李小龙式粗壮小臂训练计划

继续者提示

本训练模块的内容，不是单独训练的内容，而是需要与其他训练模块的内容结合训练。

训练动作	训练组数	单组要求
绳索卷腕	4~6 组	8~10 次
哑铃正握腕弯举 + 哑铃反握腕弯举超级组	4 组	8~12 次
哑铃手腕扭转	3~4 组	8~12 次
寸拳击打沙袋	2~4 组	10~30 拳

龙传旗

打造李小龙式的肌肉与体能

第一章中，我们从李小龙式肌肉体型的塑形角度讲解了李小龙式肌肉的训练法，而本章中我们将从李小龙式格斗体能角度讲解李小龙式体能训练术。体型训练的主要内容是功能性增肌塑形，而格斗体能则提供更多样的有氧、混氧及高强度间歇训练样式，可以使你的训练更加有效，更有趣味，更具功能性。

本章中的格斗体能训练方式丰富，可以有效改善大部分训练者单纯靠跑步训练体能的单调性，同时可以使身体素质更加全面。本章内容包括：拳肘攻击体能、膝腿攻击体能、摔投与地面格斗体能、应激体能素质训练，以及跑步与静禅训练，将极大程度上丰富你的训练库。

本章的格斗体能训练方式可以作为减脂、均衡训练、体能素质提高格斗能力的集成训练库。本章中所介绍的格斗体能减脂法对男女都适用。

DRAGON

第二章 | 李小龙式格斗体能训练

FLAG

第一节
李小龙式拳肘体能

李小龙式的拳法与肘法体能，既可以作为有氧和混氧训练用来减脂；同时可以训
练身体动力链和强化自体应激体能素质。此部分内容戴MMA手套或徒手均可训
练，不受时间、地点、器材限制，属于居家旅行皆可操作的训练内容。

一、拳法体能

功能作用： 减脂与提升格
斗体能，同时提升自体应
激体能素质；可迁移至提
高各种拳法的攻击威力。
另外，对于三角肌塑形也
有良好功能作用。

1. 前手刺拳训练

动作详解： 训练者格斗势
站立（以左手为前手，右

手为后手为例）。蹬左腿（左腿股四头肌发力），左侧踝关节内扣并脚尖点地（左腿小腿三头肌发力），胸椎向右扭转（腹外斜肌和腹内斜肌发力），收腹，送左肩（左侧三角肌发力），伸左臂（左侧肱三头肌发力），左腕旋前（由拳眼向上转为拳眼向右——旋前圆肌和旋前方肌发力），打出强有力的一记左手刺拳。整个过程一气呵成，每一个细节动作都在上一个细节动作的力量和速度的基础上形成新的力量和速度，就像甩出去的鞭子一样，威力最大的鞭梢即为你的拳锋。

组次数安排：2~4 组，每组 20~30 次。

2. 后手直拳训练

动作详解：训练者格斗势站立（以左手为前手，右手为后手为例）。蹬右腿（右腿股四头肌发力），右侧踝关节内扣并脚尖点地（右腿小腿三头肌发力），胸椎向左扭转（腹外斜肌和腹内斜肌发力），收腹，送右肩（右侧三角肌发力），伸右臂（右侧肱三头肌发力），右腕旋前（由拳眼向上转为拳眼向左——旋前圆肌和旋前方肌发力），打出强有力的一记右直拳。整个过程一气呵成，每一个细节动作都在上一个细节动作的力量和速度的基础上形成新的力量和速度，就像甩出去的鞭子一样，威力最大的鞭梢即为你的拳锋。

组次数安排：2~4 组，每组 20~30 次。

3. 左右直拳连击

动作详解：按照上文中前手刺拳或后手直拳的出拳方法，出左拳，击打完成后迅速收左拳；蹬右腿，右脚脚踝内扣，胸椎向左扭转，收腹，送右肩，伸右臂，向内旋腕，打出强有力的一记右直拳。左右直拳交替进行，形成 2 直拳连击，4 直拳连击，6 直拳连击，乃至连续 1 分钟直拳连击等不同阶段的直拳连击训练。

组次数安排：1~4 组，每组 3~5 分钟。

左右直拳连击训练方法：

（1）直拳空击训练：在空中连续挥动左右手直拳进行训练。

（2）击打沙袋、人偶或胸靶。

（3）直拳击手靶训练：一人正持手靶，发号命令"1、2"，训练者听到指令后出相应数字的拳，交叉拳击手靶。

（4）混合击靶训练：单击，双击，三击，四击，击移动靶。

击靶训练加强版——击移动靶：

持靶者可变换身体位置，同时用手靶攻击出拳者，出拳者一边击打移动手靶，一边练习躲闪。动作过程中持靶者应尽量调整距离和位置使攻击者无法正常发力，攻击者则需调整步伐尽可能正常发力。

击靶训练之持靶者前冲攻击：

持靶者可突然前冲，攻击者要就势出拳将持靶者打回，若攻击者力量或攻击力道不够，需退后继续攻击。

（1）如果连续左右直拳攻击同一目标1分钟以上，可以明显感觉到两侧肩膀三角肌前束
　　酸痛。这说明在直拳攻击时，三角肌前束的发力非常显著。

（2）如果身体不够协调，直拳发力肌肉链无法实现。可以进行专业直拳肌肉链加强训
　　练，这方面的具体内容可参见《打造格斗的肌肉》。

（3）如果腕关节强度不够，击打重沙袋容易戳伤腕关节。

（4）直拳打到最大位置时，肘关节需微屈，以免对方躲闪打空后直拳惯性扭伤肘关节鹰
　　嘴或拉伤韧带。

（5）裸拳直拳击打手靶时，主要应采取"点打"方式，避免摩擦伤及指关节外皮肤。

4. 直拳 500 次

本训练是李小龙先生特有的训练方式，每一组中就要打出连续 500 次的直拳，这
样会使直拳训练更加接近有氧训练，有利于减脂和三角肌的功能性塑形。

动作详解： 训练者采取格斗架势，加步伐，边移动边用直拳快速连续攻击，边攻
击边计数。如果计数太难，也可以连续攻击 5~6 分钟不停歇。如果有沙袋，就围
绕着沙袋连续直拳攻击，大概 5~6 分钟记为一组。

组次数安排： 1~4 组，每组 500 次或每组 5~6 分钟。

5. 指戳攻击

功能作用： 使用手指尖攻击的技术，主要是攻击对方眼球并进行骚扰。

动作详解： 格斗架势，左手成屈掌，按照前手刺拳和右手直拳的动力链，打出前
手直戳，后手指戳。

组次数安排： 1~4 组，每组左右手各 20~30 次，或者单组训练 1~3 分钟。

继续者提示

一定要注意手指弯曲，不能伸直，以免戳伤指关节。

6. 摆拳连击

李小龙先生在电影《猛
龙过江》中曾用摆拳连
击击打查克·诺里斯，
并致其倒地。

摆拳：

动作详解：此处以发左
摆拳为例。以右势格斗
架势作为起始动作，双

手握拳护于下巴两侧。蹬左腿，左脚踝外旋，左脚跟离地；胸椎向右微转，向右
送左肩，左臂大范围水平内收，用拳锋对准目标摆击，左腕始终挺直，打出左摆拳。
要求蹬腿、胸椎扭转、送肩摆击一气呵成，通过摆拳动力链发出强力一拳。

继续者提示

裸拳摆拳击靶应采取点打方式，防止挫伤指关节外皮肤表面。

平勾拳：

动作讲解： 训练者采取站立格斗架势作为起始动作，左脚在前，右脚在后，两手
握拳护住下颌侧面。蹬右腿（股四头肌发力），胸椎微向左扭转（腹外斜肌与腹
内斜肌发力），右臂抬至与肩平齐（三角肌发力），肩关节做水平内收动作（由
三角肌中束向前束过渡发力，同时胸大肌外侧部分参与发力），使小臂向内画圆，
打出一记右平勾拳。动作过程中，拳眼始终朝向自己，握拳后掌心向下。完成右
平勾拳，可接左侧平勾拳。

摆拳和平勾拳的区别： 二者都是手臂从侧面抢摆加速后攻击敌人，但又有其各自
特点：摆拳攻击距离长，力量大，但造成的空档也大；平勾拳适宜近战，力量略小，
但出拳后的空档小，便于快速连击。

摆拳和平勾拳训练：

（1）空击训练

（2）击打沙袋、人偶或胸靶

（3）击打手靶：持靶者的手靶面朝身体中轴线，以便于攻击者训练。

摆拳击手靶　　　　　　　　　　　　　平勾拳击手靶

组次数安排：1~4 组，每组左右手各 20~30 次，或者单组训练 3~5 分钟。

7. 勾拳训练

功能作用：提升格斗体能，同时提升自体应激体能素质，可迁移至提高勾拳攻击能力，对于三角肌塑形也有良好功能作用。

动作详解：训练者格斗架势站立，左脚在前，右脚在后，两手握拳护住下颌侧面。以发右勾拳为例。身体可微下蹲蓄力，蹬右腿（股四头肌发力），身体向上挺，右脚踝外旋，右脚跟离地（小腿三头肌发力）；胸椎向左微转（腹外斜肌和腹内斜肌发力），向上送右肩（三角肌发力），右臂向上勾击（肱二头肌等长收缩发力），右腕始终挺直，打出右上勾拳。要求蹬腿、胸椎扭转、送肩、勾击一气呵成，通过动力链发力传导效应打出强力一拳。然后迅速接左侧勾拳。

裸拳勾拳的训练：

（1）空击或击打沙袋

（2）击打向下倾斜的手靶或者脚靶

组次数安排：1~4 组，每组左右手各 20~30 次，或者单组训练 3~5 分钟。

8. 高阶训练：哑铃拳击

功能作用： 综合训练所有的哑铃拳法，提高三角肌的拳法支撑力，提升各种拳法的实战变换能力及实际打击力。

动作详解： 双手持小哑铃完成各种拳法的击打动作。

组合拳包括：

（1）连续直拳连击

（2）连续摆拳连击

（3）连续勾拳连击

（4）后退步后手直拳 + 前手摆拳

（5）垫步两直拳连击

（6）垫步前手摆拳 + 后手直拳

（7）摆拳 + 勾拳

（8）前手直拳 + 后手摆拳

（9）两直拳 + 一摆拳

（10）直拳 + 摆拳 + 勾拳，三连击

（11）综合运用

9．哑铃拳法模仿训练

该训练利用拳击和其他竞技格斗中实际出现动作的有效组合，完成持哑铃模仿该组合的训练。

动作详解： 训练者双手持哑铃。观看拳击或者其他以拳法为主的格斗比赛，发现赛场上出现有效的拳法击打组合后，马上手持哑铃去模仿，完成训练。

组次数安排： 每次练习 12 组，每组 100 次，双手各持 6 组不同磅数哑铃进行"金字塔形"的 6 组递增重量练习，接着再依次递减重量做 6 组拳击模仿训练。

二、肘法体能

李小龙先生在近身格斗状态中时，会使用肘击作为其短打的一种有效手段。这种肘击体能的综合使用，也有一定减脂效果。作为李小龙式格斗体能训练的重要组成部分，本内容涉及 3 种肘法，可以作为复合肘攻击的有氧与混氧训练组合，既丰富了有氧训练的类型，又能对背阔肌、胸大肌产生动态拉伸效果。

组次数安排：

（1）单个动作训练，每次 2~6 组，每组每侧 20~30 次或每组 3 分钟。

（2）复合动作训练，每组 3~5 分钟。

1. 平击肘

动作详解： 训练者格斗架势站立，左脚在前，右脚在后，两手护住下颌侧面。以右平击肘为例，蹬右腿，胸椎左转，送肩，右小臂抬平，用右肘外侧小臂端尺骨向前攻击，攻击时呼气。也可以左右平击肘交替进行。

平击肘训练：

（1）平击肘击手靶、脚靶或胸靶。

（2）利用沙袋训练左手抱住敌人头部的右平击肘攻击。

2. 侧顶肘

动作详解： 训练者格斗架势站立，左脚在前，右脚在后，两手护住下颌侧面。右脚微向右跨一小步，肩向右送，抬右臂，用肘头向右顶击。右顶肘时可以加入胸椎微向右后转的动作。左侧顶肘时可采取类似动力链。肘击时呼气。

侧顶肘训练： 侧顶肘击脚靶或胸靶。

3. 后顶肘

功能作用： 本动作除了加入肘击组合外，还可以作为动态拉伸三角肌前束与胸大肌的日常训练方式。

动作详解：训练者格斗架势站立，左脚在前，右脚在后，两手护住下颌侧面。右臂屈肘，肩关节猛力后伸，用肘部大臂侧向后顶击。可以利用身体的右转增加击打效果。攻击时呼气。

后顶肘训练：后顶肘击胸靶。

继续者提示

（1）肘击时可以把整个体重惯性加到肘击攻击中，攻击效果更好。

（2）初级训练者可以循序渐进地练习肘法击靶，先尝试戴护肘进行肘击击靶训练至少4次以上，再尝试用裸肘肘法击靶或击沙袋的训练。

第二节
李小龙式膝腿体能

李小龙式的膝腿体能是指膝法和腿法的组合体能，膝腿体能可以比拳肘体能在单位时间内消耗更多热量，且对于腿部塑形，以及提高身体自体应激体能素质和平衡体能素质都有很好的训练效果。其中腿法体能可以和第一章的腿部肌肉力量、塑形训练结合进行，形成全腿部增肌塑形+功能训练的一体化训练模式。

一、膝法体能

1. 箍颈膝击

功能作用： 可以提高腹直肌下段及髂腰肌力量。

动作详解： 我方用双手箍住沙袋（或持靶人的后颈或后脑），用力回拉并向上膝击。膝击时呼气。若搭档持大胸靶于脸前，攻击者可以箍颈下拉搭档头部，通过膝击攻击搭档挡在面前的大胸靶。

2. 旋膝

功能作用： 除了可以提高腹直肌下段及髂腰肌的力量外，还可以功能性强化腹外斜肌和大腿内收肌群。

动作详解： 像扫踢那样先使髋关节外展，再自外向内弧线转动并用膝击攻击目标。

旋膝训练：

（1）旋膝攻击沙袋。

（2）旋膝攻击胸靶：搭档竖持靶置于体前，我方和搭档成 L 或 T 形站位，我方左手拉敌右臂，右手拉敌后颈，两手一同用力向右下拉，同时右摆膝攻击其大胸靶中部。

组次数安排：

（1）单个动作训练，每次 2~6 组，每组每侧 20~30 次或每组 3 分钟。

（2）复合动作训练，每组 3~5 分钟。

二、腿法体能

李小龙腿法体能是李小龙式体型体能训练的重要组成部分，也是特色部分。其中囊括了：1. 第一章中"打造灵活的腿部肌肉——防止腿部基础力量训练造成的肢体不灵活"小节中的摆拳式旋髋、低段扫腿、中段扫腿、高段扫腿、侧踹、侧上步侧踹、截腿攻击、后蹬、旋转勾踢绊摔空击这 9 种腿部腿法体能动作；2. 本章节中的前踢、勾踢的纸片练习与重沙袋练习、后摆腿、精细截腿、"李三脚"训练、"强攻三脚"这 6 种腿法体能训练。

第一章的 9 种腿法功能性力量训练，外加本章的 6 种复合腿法体能训练，这 15 种训练方法，共同组成了本书综合腿部体能训练的框架。

1. 前踢

前踢，尤其是踢击腹股沟，是李小龙式腿法体能中一记独特的腿法：因为在竞技格斗中踢击腹股沟属于违禁技术，而在战术格斗中是可以运用的。

李小龙先生曾在自己的多部电影中使用过踢击腹股沟的技术：比如《猛龙过江》中使用后踢腹股沟直接 KO 对方，以及用前踢技术踢击下蹲敌人的脸部。

踢击腹股沟

功能作用：此腿法有利于强化髂腰肌、股直肌部位力量，并有利于瘦腿。可迁移至提高踢击腹股沟技术。

动作详解：持靶者横持脚靶，即将脚靶横过来，手从手柄穿出，抓紧脚靶边沿。脚靶面微朝下以便于攻击者踢打并模拟腹股沟结构。

此处以左腿踢击为例：训练者右脚支撑，格斗架势站立。蹬左脚，左腿快速屈髋，绷直左脚背，膝关节微屈，同时左手向后摆臂，右手微上抬防护右脸，用小腿胫骨末端快速攻击脚靶。

组次数安排：2~4 组，每组左右腿各 30~50 次，或单组训练 3~5 分钟。

继续者提示

（1）采用胫骨末端攻击脚靶，攻击威力更大。如果采用脚背攻击，容易对踝关节前侧韧带产生拉伤效果；如果采用脚趾钩踢，容易戳伤脚趾。

（2）前踢腹股沟的抬腿摆臂发力模式符合人体走跑动力模式，该动作对人体走跑动力模式有协调性训练效果。

2. 勾踢的纸片练习与重沙袋练习

利用勾踢实施绊摔是李小龙先生常用的技术之一，后来的 MMA 名将康李也在比赛中使用过该技术。关于这一动作，我们在第一章已经有所详述，此处是对第一章技术动作的深化训练。

踢纸片是为了控制力度，这种对于力度的控制在动作演员的日常准备训练中很常见。

纸张的加工：把一张纸对折两次，形成一个相对稳固的直角，摆放于地面。

动作详解：训练者摆出格斗架势，用勾踢技术踢击地面上背折成直角的纸张，要用勾踢技术把纸张带飞起来，计数一次。勾踢绊摔技术踢击重沙袋的具体动作方法详见第一章。

组次数安排：2~4 组，每组训练 3~5 分钟。

> **继续者提示**
>
> 踢击纸片时，注意控制力度，防止快踢时拉伸韧带。

3. 后摆腿

功能作用：此动作作为腿法体能的重要组成部分，可有效提高臀大肌、臀中肌的发力能力，提高髋关节的活动范围。

动作详解：以右转身出右腿为例，面向沙袋（靶）站立，突然以左脚为轴身体顺时针旋转 180 度，同时最大程度髋关节外展并借旋转的力量向后旋踢出右腿以攻击沙袋（靶），攻击时使用脚底攻击。攻击后应马上回归正面面对沙袋（靶）的架势。

组次数安排：2~4 组，每组左右腿各 20~30 次或单组训练 3~5 分钟。

4. 精细截腿

训练目的：可以双腿交替进行连续截腿训练，这样做不仅增加了训练的连续性和提高了有氧效果，同时也在实战迁移方面增加了多样性。

（1）前截腿（见第一章）
（2）后截腿

动作详解：我方以左势格斗架势站立（以右脚后截腿为例），左脚踏实地面，右腿提膝，右髋关节外展并外旋，脚底内侧与地面平行；随后爆发性用力向前向下踩击。攻击高度是对方膝关节高度即可。

组次数安排：2~4 组，每组左右脚各 20~30 次；或者左右脚混合练习，单组训练 3~5 分钟。

5. "李三脚"训练

本技术组合曾在李小龙先生的代表作《精武门》《龙争虎斗》等电影中多次出现。

功能作用：提高腿法体能的连续性，提升减脂和腿部塑形效果。

动作详解："李三脚"训练由三个动作部分组成，分别是：外摆腿，里合腿，转身后摆腿。训练者以格斗架势开始，先完成一记攻击性外摆腿，即：左腿膝关节尽量伸直，先向前高踢，然后向外侧摆动并外旋，攻击；随后接右腿高里合腿攻击；再接左腿转身后摆腿攻击。三连击计数一次。另一侧类似，即：右腿外摆腿+左腿里合腿+右腿转身后摆腿。

组次数安排：2~4 组，每组每侧各 10~20 次或单组训练 3~5 分钟。

6. "强攻三脚"训练

功能作用："强攻三脚"训练是以"李三脚"为基础的实战动作。由于攻击性外摆腿在实战中威力有限，竞技比赛中几乎没有通过外摆腿将对方KO的案例。而前踢作为战术格斗的技术及竞技格斗的禁用技，

杀伤性大，同时也是李小龙先生喜欢的技术之一，所以我们将这两者进行重新组合；同时把李小龙先生的里合腿换成了竞技格斗中高KO率的高扫腿，形成了一种基于实战的新技术链，即前踢+高扫+转身后摆腿。

实战迁移：前踢的目的是踢击对方腹股沟，如果对方后退躲闪，则用高扫腿攻击对方头侧或颈侧追击，然后借高扫腿的转身惯性接一个转身后摆腿。

动作详解： 本训练需要用球形沙袋或者搭档持靶才能完成。训练者格斗架势站立，右腿高位前踢，然后接左腿高扫腿，接右腿转身后摆腿，为之"正三连"。左腿高位前踢，接右腿高扫腿，最后接左腿转身后摆腿，为之"逆三连"。

组次数安排： 2~4 组，每组每侧各 10~20 次，或单组训练 3~5 分钟。

第三节
李小龙式摔投与地面格斗体能

提到李小龙式的格斗与体能训练，很多人总认为其内容应该会以打击技为主，但其实李小龙先生在训练与电影中也展示了大量摔投技和地面控制技。本节内容主要讲解如何利用李小龙先生在训练和电影中的摔投技及地面控制技进行体能训练。

本节训练需要借助沙人完成。利用沙人可以提高训练者的混氧代谢能力，对于减脂和保持体能都有不错的效果。

1. 勾踢绊摔

关于勾踢绊摔的基本技术，我们已经在第一章中介绍过了，现在我们来看如何实现绊摔沙人。

动作详解： 以 T 形站位双臂锁颈勾踢摔为例，我方先把沙人立起，站于直立沙人右侧，右手从敌颈前绕过并抓住其左肩，同时左手抓对方颈部（或左肩），左脚勾踢敌右脚跟腱，两手

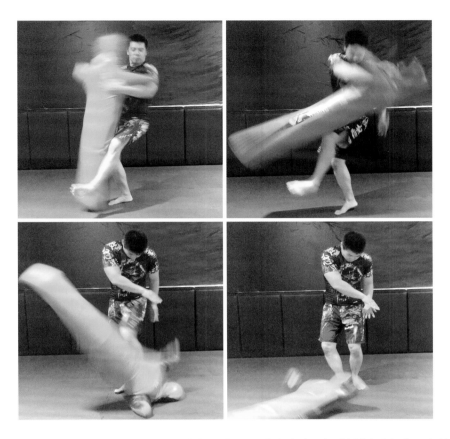

拉对方逆时针旋摔。旋摔启动后，我方迈右腿上敌胸高度，在敌躺倒后完成四方位。
后面可接上位砸拳、砸肘等，也可以接李小龙式砸拳击打腹股沟。

组次数安排：2~4 组，每组每侧各 10~20 次。

继续者提示

（1）勾踢摔时尽量靠近对方以减小我方和对方一同旋转时的转动惯量，可增加旋转效果
并节省我方力气。

（2）勾踢摔时尽量加成低扫踢对对方跟腱、小腿肚或腘窝的打击力，如此既可加成打击
伤害，又可增加勾踢摔的突然性，提高勾踢摔成功率。强力的低扫踢有一定概率能
在勾踢摔时打伤对方跟腱或挫伤对方大脚趾，影响对方后面的站立式格斗。

2. 下潜抱摔

李小龙先生在电影《猛龙过江》中就是用下潜抱摔放倒了对手，并接了一记地面拳打裆部将对方制服。大量的 MMA 名将也都曾在赛场上使用下潜抱摔技术接地面打拳终结对手。

功能作用：提升整体力量、速度、爆发力，提高混氧能力、基础体能和基础代谢率。

动作详解：

（1）抱双腿前冲摔

将沙人直立。我方突然成低位前弓步下潜，并冲到沙人近身位用右肩抵住沙人胸部下方，头部从对方身体右侧伸出，伸双手抱住对方膝关节后侧腘窝向后向上猛力拉拽，同时前冲用右肩用力前顶，将对方擒倒放倒。上提对方双腿时，我方要腿部发力向上蹬以增加发力效果。

继续者提示

（1）抱摔时，要用右肩顶紧沙人身体并将头部尽量向对方身后伸。

（2）抱摔时，前冲要快，可以追求肩撞的附加伤害。

（3）沙人倒地后，接一记击打腹股沟，就还原了一次李小龙先生在《猛龙过江》中的操作。

（2）抱双腿侧向摔

将沙人直立。我方突然成低位前弓步下潜，并冲到沙人近身位用右肩抵住沙人胸部下方，头部从对方身体右侧伸出，伸双手抱住对方膝关节后侧腘窝向上猛提，同时颈部向右顶，双手抱住对方双腿在冠状

面顺时针上提，致使对方身体在空中产生顺时针扭转而倒向我方身体右侧。我方蹬地起身并向右歪倒，将对方向我方右侧投摔。摔倒对方后，我方顺势进行四方位压制。压制后可以击打或接美式锁肩等动作。

组次数安排：2~4 组，每组每侧各 10~20 次。

继续者提示

（1）抱摔时，要用右肩顶紧沙人身体并将头部尽量向对方身后伸。

（2）抱摔完成后，我方需尽可能对沙人进行骑乘位压制。

3. 十字固

十字固这一动作在《龙争虎斗》一片中出现过，虽然是反派的技术，但是也是至关重要的关节技。

上位十字固

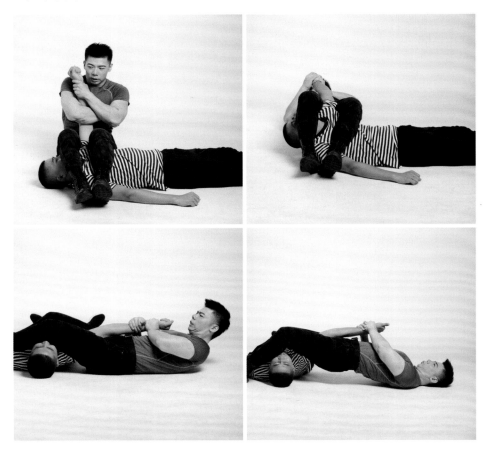

动作详解： 此动作用沙人进行训练，我方以骑乘位上位作为起始动作，先直体对沙人进行地面直拳攻击骚扰，然后以右手勾住沙人左肘窝。勾住后立即用我方右肘窝夹住沙人左小臂，回拉沙人左臂使其尽量贴近我的身体；伸左臂抱住沙人左肘窝（也可用左臂回拉沙人左臂，接右臂在下，左臂在上，双臂一同抱住沙人左

臂）；抬右腿使右脚踏于地面，身体跳起并左转，用右腿覆盖于沙人脸上，左腿覆盖于沙人胸部上。沙人与我方成十字交叉位，我方躺在敌人身上，并双手抱住沙人左臂使其左大臂在我方两腿之间穿出，如果对方是真人，需要其拇指向上，形成十字固。然后我方腰往上顶，同时双手用力向下扳折沙人左肘关节以达成动作。

组次数安排：2~4 组，每组每侧各 10~20 次，可左右侧交替进行。

继续者提示

（1）回拉沙人手臂时，我方哪只手先拉沙人手臂，哪只手就在上；而另一只手则在下，用肘弯勾住沙人手臂肘窝。

（2）十字固时，我方臀部要尽量贴近沙人左肩，使对方肘关节尽量长地伸出于我方两腿之间；我方双腿可以双盘锁死防止对方对我方足部下手；对方手臂的杠杆支点在我方大腿内侧而不是腹股沟；扳折方向是真人大拇指朝上的反向。

---

4. 美式锁肩

美式锁肩是外侧臂锁的一种形式，全称举手位外侧臂锁。此动作也是李小龙先生在《龙争虎斗》中降服洪金宝的技术。在电影里，李小龙先生采用了一个美式锁肩的变形动作，本节中我们将学习标准的美式锁肩。

动作详解： 沙人和我方成四方位，我方在上位，对方在下位。把对方左臂向前推并用身体压住对方右大臂外侧。该体位下（以对方头部在我方身体左侧为例），我方双手将对方左手腕用力前推并将其按在地面；使对方左肘关节成直角并开口向上，左手掌朝上；我方左手压沙人左腕，右手从沙人左肘关节下自右向左掏入并抓住我方的左手腕形成锁技。我方两手用力逆时针旋拧对方左肩，即可完成美式锁肩。

组次数安排： 2~4 组，每组每侧各 10~20 次，可左右侧交替进行。

> **继续者提示**
>
> （1）贴地要点：在完成本技术时，要尽量使对方的手背贴紧地面；对方手离地越远，其手臂逃脱的概率越高。
> （2）不论是"美式锁肩"，还是它的另一个名字"腕缄"这两种命名都不能完全阐释本技术的使用方法，而本技术在战术格斗中"举臂位外侧臂锁"，即"将对方手臂举过肩部，一只手压住对方手腕，另一只手从对方大臂外侧掏过并抓住我方手腕，便形成了锁"——该命名方式便于习练者的技术记忆。

5. 站立断头台

站立断头台是李小龙先生在《猛龙过江》里终结查克·诺里斯的技术。

动作详解： 把沙人扳成前躬身位，我方伸右手从沙人脖颈后侧钩住其脖子；随后我左手从对方右臂前侧掏入抓住自己的右手腕形成站立断头台技术，我方手臂用力向内夹紧，同时将沙人微微向上翘，动作达成。完成右侧断头台后，继续练习左侧断

头台，完成同样次数。

组次数安排：2~4 组，每组每侧各 10~20 次，可左右侧交替进行。

6. 地面转动

李小龙先生在《精武门》一片中使用地面转动与双节棍结合的技术攻击敌人脚踝，为自己脱身创造条件。本训练可作为本书第三章地面双节棍技术的基本功训练。

仰卧防守架势转体

功能作用： 提高核心力量和训练腹肌的新式方法；同时增强核心肌群在地面位旋转时的协同发力能力。

动作详解： 训练者采用地面防守架势。双手抱头，肘尖向外，一脚踩地，另一脚悬空蓄势待发伺机蹬踹对方身体。随后用踩地脚向侧下方蹬地，使身体于地面向顺时针（或逆时针）方向旋转，完成规定圈数；换另

一腿踩地向逆时针（或顺时针）方向旋转。

组次数安排： 2~4 组，每组每个方向各 20~30 圈或单组训练 3~5 分钟。

7. 组合李小龙摔投技 + 绞锁技的综合技术链

综合利用勾踢绊摔、下潜抱摔、站立断头台、十字固、美式锁肩，并利用沙人作为训练道具，可以组合出有效且有趣的综合技术链，作为混氧体能训练内容。
比如：

（1）勾踢绊摔 + 十字固

（2）勾踢绊摔 + 美式锁肩

（3）下潜抱摔 + 十字固

（4）下潜抱摔 + 美式锁肩

（5）站立断头台 + 勾踢绊摔 + 十字固

（6）站立断头台 + 勾踢绊摔 + 美式锁肩

（7）站立断头台 + 下潜抱摔 + 十字固

（8）站立断头台 + 下潜抱摔 + 美式锁肩

组次数安排： 2~4 组，每组每侧各 8~12 次，可左右侧交替进行。

继续者提示

（1）所有技术链，左侧与右侧要训练同等次数，以保持训练者肌肉平衡。

（2）在做站立断头台接勾踢绊摔动作时，注意利用上转步技术，接勾踢沙人跟腱侧，而不是胫骨侧。

（3）在做几种摔法接十字固（或美式锁肩）的动作时，注意在摔倒沙人后快速转换成对沙人的四方位压制。

第四节
李小龙式应激体能素质训练

李小龙式的应激体能素质训练，可以作为有氧或混氧训练，有利于减脂；同时也可以提高人体基本的闪避、格挡、抗击打和遇到危险时的应变反应能力。

自体应激体能素质指人体对外界环境、空间位置、自身感觉所作出的运动型非特异性应答反应。自体应激通常只表达人体与环境的互动，而非与其他自主性个体的互动，因此自体应激的体能训练通常一个人即可完成，无需训练搭档。

一、自体应激体能——步伐

本训练可以在有氧训练、热身训练以及正式训练中穿插进行，或在主训练结束后作为恢复训练使用。

1. 前后移动与落回

（1）前滑步

功能作用：用以配合各种前冲类攻击。

动作详解：格斗架势站立，后脚发力前推，前脚上步，然后后脚跟步。

（2）后滑步

功能作用： 用以配合各种后撤步闪身。

动作详解： 格斗架势站立，前脚向后推，后脚向后撤一小步，前脚立刻跟步。综合运用前滑步和后滑步，形成前后移动和落回训练。

2. 左右移动与落回

侧滑步

功能作用： 用以配合各种侧向闪躲或闪身。

动作详解： 格斗架势站立，右脚向右蹬推，左脚向左侧面跨一小步，右脚立刻向左跟步——完成左侧滑步。也可以左脚向左蹬推，右脚向右侧面跨一小步，左脚立刻向右跟步——完成右侧滑步。综合运用左侧滑步和右侧滑步，形成左右移动和落回训练。

二、自体应激体能——步伐击打

在步伐的基础上加入格斗击打动作，形成复合型的体能训练。

1. 移动踢击

在上步的同时，进行前踢、侧踹、扫腿攻击。

2. 移动拳击

包括：上步时拳击、撤步时拳击、侧闪时拳击、摇闪时拳击这四种形式。

三、自体应激控制——纸片训练

纸片训练的方式除了前文详述的踢击纸片外，还可以把纸片吊起来，用拳击纸片，以训练对于拳法的控制；或者把纸片吊起来，通过拳腿打击进行综合性击打训练，训练身体控制力以及制动能力。

四、闪避应激体能

闪避对抗应激指闪避外物袭击、他人攻击或不良信号的运动型应激反应素质。而其中非常重要的一项素质就是闪避他人攻击的运动型应激素质，其中包括：拳击手摇闪躲避对方的摆拳；MMA 选手闪避对方下潜抱摔等……

此处，我们以"下潜摇闪—闪避右直拳"举例。

下潜摇闪 — 闪避右直拳

当对方右直拳打来，我方双手护头，蹲身，前躬身，左脚向左滑步，从对方直拳下摇闪躲过其直拳。躲过的一刹那接左勾拳攻击对方右侧软肋。后续攻击可接右手过肩直拳，也可以接下潜抱摔。

五、连击自体应激——击打移动靶

连击的学名叫法是：动作组合自体应激训练，是把不同的单一动力链动作进行实战化有效组合的应激体能素质训练。比如在拳击中把直拳、摆拳、勾拳进行攻击动作组合，形成打击技动作组合应激训练；在摔跤中把下潜抱摔、压制、控制进行攻击动作组合，形成摔投—控制技动作组合应激训练；在 MMA 运动中把直拳、摆拳、后跳步防下潜抱摔、转身拿背、拿背裸绞控制进行攻击动作组合，形成打击技—防摔—地面控制动作组合应激训练。

1．拳法组合举例

拳法组合的训练组次数安排以每个组合 2~4 组为宜，每组每个架势各 20~30 次或每组 3~5 分钟为宜。以下介绍的所有组合均可用手靶实现。

（1）前直后摆：前手直拳 + 后手摆拳

实战迁移作用： 用于直接攻击，前手直拳探路，后手摆拳攻击敌下巴。

动作详解： 前手直拳攻击沙袋，接后手摆拳攻击沙袋，计数一次。左右架势练习同等次数。

MMA 代表人物： Michael Bisping 等。

（2）直摆勾三连击：前手直拳 + 后手摆拳 + 前手勾拳

实战迁移作用： 用于直接攻击。如果前直后摆被对方下潜摇闪躲开，我方可用前手勾拳击打对方摇闪时的面部。

动作详解： 前手直拳攻击沙袋，接后手摆拳攻击沙袋，接前手勾拳肋击沙袋（如果是球型沙袋则使用上勾拳），计数一次。左右架势练习同等次数。

MMA 代表人物： Cody Garbrandt 等。

（3）摆拳肋击交叉攻击

实战迁移作用： 用于破防对方的抱头防御。肋击使对方防御肋部，头侧空虚，我方接同侧摆拳攻击敌头侧；或摆拳（亦可使用平勾拳）击打敌头侧，敌方防御头侧，肋部空虚，我方接肋拳攻击对方软肋。也可以采取左右交叉攻击，使对方顾左不能顾右。

动作详解：前手摆拳攻击沙袋，接后手肋击攻击沙袋，再接前手肋击击打沙袋，最后接后手摆拳击打沙袋，4 个技术计数一次。左右架势练习同等次数。

（4）后手勾拳 + 前手摆拳

实战迁移作用：用后手勾拳攻击对方下巴下方，前手摆拳攻击对方下巴侧面。

动作详解：

① 如果用直沙袋训练：后手上勾拳空击，接前手摆拳攻击沙袋，计数一次。左右架势练习同等次数。

② 如果是球形沙袋：后手上勾拳攻击球型沙袋，接前手摆拳攻击球型沙袋，计数一次。左右架势练习同等次数。

MMA 代表人物： Stipe Miocic、"狼人"Quinton Jackson、Daniel Cormier、
Michael Bisping 等。

（5）两直一摆

实战迁移作用： 前直后摆的升级版连击组合。

动作详解： 前手直拳，接后手直拳，再接前手摆拳，3 次攻击计数一次。左右架
势练习同等次数。

（6）两直一摆一勾

实战迁移作用： 直摆勾三连击的升级版连击组合。

动作详解： 前手直拳，接后手直拳，再接前手摆拳，最后接后手勾拳（或肋击），
4 次攻击计数一次。左右架势练习同等次数。

（7）后直前摆

实战迁移作用： 用于在后退中阻击前冲的对方，后手直拳先迎击对方面部，如果
没有击中，直接接前手摆拳击打前冲对方的下巴侧面。上步时也可以使用后直前
摆组合。

动作详解： 后手直拳攻击沙袋，接前手摆拳攻击沙袋，计数一次。左右架势练习
同等次数。

MMA 代表人物： "嘴炮"Conor McGregor、"狼人" Quinton Jackson、Junior
dos Santos 等。

（8）过肩直拳 + 连续摆拳连击 + 勾拳破防

实战迁移作用： 本组合是很多重量级 MMA 选手常用的动作组合。用过肩直拳强
行近身。如果过肩直拳击中对方，会对其造成很大伤害；如果没有击中，我方利
用近身机会采取连续摆拳（平勾拳或肋拳）组合强行打击，当对方护头时，记得
用下勾拳击打下巴下侧进行破防。

动作详解： 后手过肩直拳攻击沙袋，接前后手 3 摆拳攻击沙袋，再接后手上勾拳

击打，5 次攻击计数一次。左右架势练习同等次数。

MMA 代表人物： Fedor Vladimirovich Emelianenko 等。

2. 腿法—拳腿组合举例

腿法—拳腿组合的训练组次数安排以每个组合 2~4 组，每组每个架势各 10~30 次或每组 3~5 分钟为宜。以下介绍的所有组合均可用脚靶实现。

（1）低扫腿虚晃 + 侧踹

实战迁移作用： 通过低扫腿虚晃对方注意力，然后利用对方分散的注意力，高位侧踹给对方造成更完全的伤害。

动作详解： 训练者低扫空击，马上接高位侧踹攻击沙袋，计数一次。左右架势练习同等次数。

（2）"李三脚"训练

动作详解： 见本章第二节。

（3）"强攻三脚"训练

动作详解： 见本章第二节。

（4）两直拳 + 扫腿

实战迁移作用： 两直拳完成骚扰打击一体式攻击，攻击对方面部；扫腿形成"扰上击下"之势，攻击对方膝关节外侧或软肋。

动作详解： 前手直拳，接后手直拳，接后腿扫腿（高中低段扫腿均可），3 次攻击计数一次。左右架势练习同等次数。

MMA 代表人物： Michael Bisping、"冰人"Chuck Liddell、Tyron Woodley 等。

（5）前推 + 高扫

实战迁移作用： 前推对方胸部或脸部，拉开距离，为高扫创造条件；然后高扫攻

击对方颈侧或脸侧。

动作详解：训练者后手推（或双手推）沙袋，随后前腿高扫攻击，2 个动作计数一次。左右架势练习同等次数。

（6）扫腿后蹬连击

实战迁移作用：前腿扫腿攻击对方，如果对方后闪，我方顺势完成转身后蹬腿补充攻击对方腹股沟。

动作详解：训练者左腿扫腿（高中低段扫腿均可）轻击沙袋，随后转身右腿后蹬攻击沙袋，2 个动作计数一次。左右架势练习同等次数。

（7）前蹬防御弧线腿法 + 过肩直拳

实战迁移作用：对方起扫腿（或鞭腿）攻击，我方同时起同侧前蹬攻击对方腹部，快速接过肩直拳攻击。

动作详解：训练者左腿正蹬攻击沙袋，随后右手过肩直拳攻击沙袋，接右腿正蹬攻击沙袋，最后右手过肩直拳攻击沙袋，4 个动作计数一次。左右架势练习同等次数。

3. 拳肘膝组合举例

以下攻击组合的训练目的更多的是训练一种拳膝肘的连续攻击协调性。在实战中，还是要根据实际情况进行连击。

拳肘膝组合的训练组次数安排以每个组合 2~4 组，每组每个架势各 10~30 次或每组 3~5 分钟为宜。以下所有组合均可用手靶或脚靶实现。

（1）后直前摆 + 同侧膝击

动作详解：训练者正架左势，后手直拳，接前手摆拳，接左膝箍颈膝击，3 次攻击计数一次。左右架势练习同等次数。

（2）两直左摆右肘右膝

动作详解：训练者正架左势，前手直拳，后手直拳，接前手左摆拳，接右平击肘攻击，接右膝箍颈膝击，5次攻击计数一次。左右架势练习同等次数。

（3）直摆勾肘膝连击

动作详解：训练者正架左势，后手直拳，接前手摆拳，接右勾拳，接左平击肘攻击，接左膝箍颈膝击，5次攻击计数一次。左右架势练习同等次数。

4. "打击技 + 摔法"组合举例

"打击技 + 摔法"组合的训练组次数安排以每个组合 2~4 组，每组每个架势各 10~12 次或每组 3~5 分钟为宜。以下所有组合均需要沙人作为辅助工具实现。

（1）两直拳 + 下潜抱摔

实战迁移作用：两直拳佯攻，在对方进行上段防御时，我方进行下潜抱摔攻击。

动作详解：沙人立在墙边，两直拳击打沙人，然后下潜抱摔摔倒沙人。左肩扛摔与右肩扛摔练习数量应一致。

117

（2）肘击 + 抱摔

实战迁移作用： 当我方近身肘击到对方脸部，但是对方没有被击倒时，趁着对方短暂的身体硬直，我方可下潜抱摔放倒对方，接地面砸击。

动作详解： 训练者单手扶住沙人站立，另一只手臂肘击沙人，然后下潜抱摔摔倒沙人。左势与右势练习数量一致。

（3）箍颈膝撞 + 站立断头台

实战迁移作用： 箍颈膝撞成功后，对方没有被我方击倒并进行了应对膝击的防御；此时我方可以采取单臂锁颈，完成站立断头台。

动作详解： 训练者双手扶住沙人站立，箍颈膝击沙人，然后接站立断头台。左臂断头台与右臂断头台训练次数应一致。

六、防反应激体能

防反的全称为防守反击，是综合运用防守的闪避、格挡、接抱、抗击打等应激体能素质训练后，马上接反击技术链组合的综合应激体能训练。

这种防守、反击应激体能训练融合应激体能素质训练和混氧代谢体能训练，一举多得，但是需要以前文介绍的各种格斗技术、格斗体能以及单项应激体能素质（闪

避、格挡、接抱）作为基础，难度比较大，故以下内容主要供阅读本书的高阶训
练者进行使用。

> **继续者提示**
>
> 本内容下所有的对练项目，应采取轻击或带护具轻击来进行攻击，切忌发力攻击。

1. 防反直拳

（1）外侧闪 + 直拳反
击 + 摆拳反击

动作详解： 对方右直拳攻击，我方向对方右臂外侧（我方的左侧）闪身并侧头，
躲过对方直拳的同时出右直拳攻击下巴，接左摆拳攻击下巴。后面可接其他组合
攻击。

MMA 代表人物： Cody Garbrandt

（2）外侧闪 + 前手摆拳 + 后手直拳

动作详解： 对方右直拳攻击，我方向对方右臂外侧（我方的左侧）闪身并侧头，
躲过对方直拳的同时出左摆拳攻击下巴侧面，接右直拳攻击下巴或鼻子。后面可
接其他组合攻击。

MMA 代表人物： "嘴炮" Conor Mcgregor

（3）外侧闪 + 过肩直拳

动作详解：预判对方出右直拳或者对方张手伸臂防御时，我方直接外侧闪，用过肩直拳攻击其下巴。可以在外侧闪的同时加入左掌拍击对方右臂外侧。

MMA 代表人物： "克罗地亚战警" Mirko。

组次数安排：2~4 组，每组 10~20 次，左右势数量相等。

2. 截击应激体能

李小龙先生突出的截拳道格斗理念是截击对方的攻击和后发先至。本部分训练内容就旨在提高受训者的截击能力。

（1）用拍挡截击直拳

动作详解：对方直拳攻击我方面部，我方用同侧手掌，由外向内拍击对方手腕外侧，使其直拳路线改变，便完成一次拍挡对直拳的截击。训练从慢速练起，逐步加快。

（2）用截腿截击步伐

动作详解：我方持手靶引导对方击移动靶，

我方边退后边让对方上步进攻，在对方进攻的不经意间，我方以截腿截击对方小腿，以阻击对方步伐。在对方做出提膝防御或者被动防御的动作后，继续击靶。

组次数安排：2~4 组，每组 3~5 分钟。

3. 前手拳阻击

动作详解：对方戴面罩头盔，与我方均成格斗架势。观察对方肩部和髋部，若对方肩部或髋部略有抖动，即可有出拳或出腿征兆，我方立刻用前手直拳快速点击对方面部。反复训练，即可让我方获得后发先至的反应能力。本训练后期可以前手狙击后，立刻接后手攻击、组合拳或者腿膝攻击。

组次数安排：2~4 组，每组 3~5 分钟。

4. 摇闪直摆拳 + 肋击直拳

动作详解：对方直拳或摆拳打来，我方同侧前躬身上滑步低头，向外侧摇闪，从对方攻击手臂下摇闪过；接同侧肋击，异侧直拳攻击下巴。

组次数安排：2~4 组，每组 10~20 次，左右势练习数量相等。

5．摇闪直摆拳 + 裆击肋击

在李小龙先生的格斗体系中，有大量击打腹股沟的技术，虽然这些技术在 MMA、自由搏击、散打、拳击中都是犯规禁用动作，但是在战术格斗环境还是有极其重要的意义的。

动作详解：对方直拳或摆拳打来，我方同侧前躬身上滑步低头，向外侧摇闪，从对方攻击手臂下摇闪过；摇闪同时异侧直拳攻击对方腹股沟，接同侧肋击。

组次数安排：2~4 组，每组 10~20 次，左右势练习数量相等。

6．侧踹防反旋踢

侧踹是李小龙先生腿法的绝技之一，李小龙电影中出现了大量其用侧踹截击对方扫腿或旋踢的演示。

迎击：同侧侧踹迎击

动作详解：对方左中段扫腿攻击，我方观察对方髋动便直接起同侧腿侧踹对方小腹或者支撑腿，进行迎击。后接组合攻击，或者利用对方站不稳的刹那，顺手抄起地上的短棍或双节棍进行攻击。

组次数安排：2~4 组，每组 10~20 次，左右势练习数量相等。

> **继续者提示**
>
> 通过大量的实验，我们发现侧踹技术是既能拉开敌我距离，又能快速抄起身边或地上武器的综合技术，同时侧踹也可以为拔出武器以及逃脱赢得更优的时间和距离。侧踹不是竞技格斗的核心 KO 技术，但它是战术格斗中必不可少的战术环境引导技术。

七、抗击打应激体能

打击承受型对抗应激指带有肢体打击性质的碰撞击打到身体时，肢体被动承受而做出的应激反应。本应激反应的目的在于减少肢体受伤程度：比如拳打到脸上时做出的应激；扫腿踢到大腿外侧做出的应激；格斗训练中的抗击打应激体能素质训练中做出的应激等……

抗击打应激体能素质训练，是打击技类格斗项目中打击承受型对抗应激的重要训练方法。

面对打击技，最基础的防御手段是被动承受打击技，也就是俗话说的抗击打能力。抗击打能力分为两种。

一种是防御肢节抗击打能力，指利用四肢中生理解剖属性较为耐打的部位进行抗击打训练，实战中可以用这些防御肢节挡住身体要害，完成有效防御。防御肢节抗击打能力的可训练性很强，主要是通过增强肌肉抗击打应激能力来实现。

另一种抗击打能力是要害的抗击打力，指部分要害部位在基础打击时的应激闪避与承受能力。实战中要害部位的防御原则仍然是闪避，或者用防御肢节挡住要害部位，抑或是采用主动格挡、破坏式格挡等方式进行防御来起到实际防御效果。由于本训练要求专业度更高，故在本书中不再单独讲授，感兴趣的武友可以参见书籍《MMA综合格斗体能训练全书》。

在本小节中，我们还是以防御肢节抗击打力训练作为主要的训练内容。

抗击打训练的步骤：

（1）初学者先要在抗击打训练前具备一定的基础力量和肌肉训练基础。具体力量和肌肉训练方式可以参见本书第一章。

> **继续者提示**
>
> 头颈部抗击打力需要依托较强的肌肉离心收缩能力作为缓冲器，难度较高，故本书中不做训练要求。

（2）进行自体慢速抗击打训练。

（3）进行搭档单体攻击防御肢节的受迫抗击打训练。

（4）进行结合本书攻击技术链的抗击打训练，以 10~20 秒复合抗击打为主。

1. 针对拳击的防御肢节抗击打力训练

功能作用：拳法的主要防御肢节包括：手掌、小臂、肘部、大臂、肩、腹部。这些部位针对拳法的抗击打能力都需要训练；训练的目的不仅在于提高抗击打能力，更在于训练选手的胆量，以及抗击打心理素质和意志品质。

动作详解：我方格斗架势，双手护头，对方戴拳击手套，用拳法主动攻击我方防御肢节，由轻拳入手，逐渐过渡到重拳。击打防御肢节的拳法包括：

（1）对方摆拳击打我方护头侧手臂或肩部

（2）对方直拳击打我方护脸前的双臂

（3）对方勾拳击打我方下摆护下颌的小臂

（4）对方肋击攻击我方下沉护肋的肘部

（5）对方下位直拳攻击我方腹部

（6）对方勾拳攻击我方腹部

（7）对方直摆连续攻击我方背部

2. 针对肘击的防御肢节抗击打力训练

功能作用：肘法的主要防御肢节包括：手掌、小臂、肘部、大臂、肩、腹部。这些部位针对肘法的抗击打能力都需要训练。

动作详解： 我方戴 MMA 手套，双手护头，对方用肘法主动攻击我方防御肢节，由轻肘入手，逐渐过渡到中等重量肘法。击打防御肢节的肘法包括：

（1）对方平击肘击打我方护头侧手臂或肩部

（2）对方上挑肘击打我方护脸前的双臂

（3）对方平击肘攻击我方下沉护肋的肘部

（4）对方平击肘攻击我方腹部

（5）对方平击肘攻击我方背部

3. 针对腿击的防御肢节抗击打力训练

功能作用：腿法的主要防御肢节包括：小臂、肘部、大臂、肩、腹部。由于腿法的攻击力普遍较强，需要在防御肢节抗击打的基础上加入防御格挡或拍挡技术动作。

动作详解：我方戴 MMA 手套，对方用腿法主动攻击我方防御肢节，由轻腿入手，逐渐过渡到中等重量腿法。所有腿法的防御肢节抗击打训练，都必须加入受击部位的肌肉应激性防御收缩以及身体顺向移动缓冲受击。

击打防御肢节的腿法包括：

（1）对方高扫腿击打我方护头侧手臂或肩部，我方身体要顺向微闪避

（2）对方前踢我方下拍挡

（3）对方高位正蹬或侧踹我方外侧格挡（或拍挡）

（4）对方中段扫腿击打我方下沉护肋的肘部

（5）对方正蹬和侧踹攻击我方腰部、胸部

（6）对方中扫腿攻击我方背部

（7）对方中扫腿攻击我方腰侧、腹部、胸部

（8）对方低扫腿攻击我方大腿外侧、大腿内侧、膝关节外侧、小腿外侧

（9）对方扫腿攻击我方格斗架势的手臂和肩

（10）对方低位截腿攻击我方腿部

（11）对方勾踢攻击我方腿部

继续者提示

所有腿部攻击的抗击打应激体能训练只能用轻击，不要用重击，一般人员无法承受重击。

4. 针对膝击的防御肢节抗击打力训练

功能作用： 膝法的主要防御肢节包括：小臂、肘部、大臂、腹部。由于膝法的攻击力普遍较强，需要在防御肢节抗击打的基础上加入防御格挡或拍挡技术动作。

动作详解： 我方戴 MMA 手套，对方用膝法主动攻击我方防御肢节，由轻腿入手，逐渐过渡到中等重量腿法。所有膝法的防御肢节抗击打训练，都必须加入受击部位的肌肉应激性防御收缩以及身体顺向移动缓冲受击。

击打防御肢节的膝法包括：

（1）对方箍颈膝击我方胸部、腹部和下格挡小臂

（2）对方旋膝攻击我方小臂、大臂和肩部

（3）对方旋膝攻击我方 L 站位的胸部、腹部和下格挡小臂

（4）对方旋膝攻击我方侧肋

（5）对方旋膝攻击我方背部

（6）对方膝击我方大腿外侧、内侧、臀部

继续者提示

所有膝击攻击的抗击打应激体能训练只能用轻击，不要用重击，一般人员无法承受重击。

第五节
李小龙式复合体能训练

一、跑步练习

1．14 分钟跑

这是一项训练由糖酵解供能向有氧供能过渡的基础体能训练。

2．45 分钟跑

二、轻沙包复合体能

轻沙包或者速度球，是训练拳腿膝肘攻击速度和连续攻击耐力的训练方式。训练者可以把本章中介绍的各种拳腿膝肘单击以及组合攻击混合使用，连续攻击轻沙包或速度球。

初阶训练者，1 分钟连击，分 6~8 组完成。

中阶训练者，3 分钟连击，分 6~8 组完成。

高阶训练者，5 分钟连击，分 6~8 组完成。

> 注：复合攻击轻沙包，可以作为减脂的手段。

三、重沙包复合体能

重沙包，是训练拳腿膝肘重攻击和连续攻击力量、耐力的训练方式。重击时可以充分利用身体的超等长收缩蓄力力量，用最大力量出拳、腿、膝、肘，但注意攻击时保护好手腕及脚踝，防止重击时受伤。

训练者可以把本章中介绍的各种拳腿膝肘单击以及组合攻击混合使用，连续攻击重沙包。

初阶训练者，1 分钟连击，分 6~8 组完成。
中阶训练者，3 分钟连击，分 6~8 组完成。
高阶训练者，5 分钟连击，分 6~8 组完成。

> 注：复合攻击重沙包，可以作为减脂及提高爆发力、耐力的训练方法。

四、拳法辅助式跳绳

关于跳绳，李小龙先生采用的是拳击迁移来的放松跳。其要点如下：

1. 尽量减小跳绳动作的幅度

若跳绳时手臂挥舞幅度大，脚离地距离较高，不仅浪费体力，也达不到放松身体与增强协调性的目的。

最好用带握柄的跳绳，相对来说会短一些、重一些；拿绳时手不要抬得太高，手位于胯两侧，大臂不要动，靠两个手腕的转动去带动绳子转动；跳起高度不要太高，两脚稍微离地，若保证绳子能过去就好。

2. 体会全身关节的随动

到位的跳绳动作应该是看上去就像原地上下颤动一般的非常小幅度的跳动。不要过于单一地去用脚踝发力，而是应该在跳动中主动去体会全身整体的一种弹性。从踝到膝、髋、腰、肩再到颈，都要有随着跳动轻微屈伸的感觉。这种全身的弹性对格斗攻击时形成动力链发力极其重要。关节是力量传导的枢纽，没有关节随动弹性，很难形成格斗拳法攻击的动力链蓄力力量。

3. 把跳绳的关节随动弹性，迁移到拳法技术中去

格斗式原地轻微跳动，体会跳绳时那种关节随动弹性，刚开始可以双脚稍微离地，慢慢过渡到双脚不离地，只是利用各关节配合身体快速小幅度起伏。

然后尝试在身体往上弹起的时候出拳，注意出拳时身体不要往上窜，要保持重心稳定，利用髋与胸椎的旋转将身体向上的力量转化为平行向前的力量，这样打出的拳法，力量是从双腿传导到拳峰末端的，是通过整体身体动力链发力打出的一拳。

4. 组合训练

单侧拳法熟练后可以进行左右组合练习，但要放慢节奏，在身体每次往上弹的时候打出一拳，身体往下沉的时候收拳。练到连续出拳时始终保有身体起伏的动力链力量为止，再把身体起伏的动作去掉，以静止的格斗式连续出拳。

每一拳都要有迁移跳绳关节随动的意识，虽然将身体的起伏动作去掉了，但两腿蹬地的动作还在，要力发于地，把这个力量传导到拳法中去。刚开始可以把站架放低一点，加大腿部屈伸幅度，加深体会动力链，熟练后慢慢恢复正常站架。

（这种"加大腿部屈伸幅度"的训练叫做继续者格斗蹲。关于该动作的细节可参考《打造格斗的肌肉》一书。）

五、静禅打坐训练

静禅打坐可以中和格斗体能的"动念"，产生动静结合、调理身体的作用。静禅
打坐是考验和锻炼意志力和坐姿体能模式耐力的方法，也是练习专注力的方法。

静禅打坐训练的基本要求：

1. 训练时长

45 分钟左右。如果在训练过程中感到腿麻腿痛，可以循序渐进地延长训练时长，
直到完成一次连续打坐 45 分钟。

2. 坐姿

（1）打坐的腿

训练者采用普通盘腿坐、双盘坐、单盘坐均可。

普通盘腿坐，两只脚的脚底均无需朝向上：

单盘坐，一只脚的脚底需朝向上：

双盘坐，两只脚的脚底均需朝向上：

无论训练者采用何种盘坐方式，找到自我的重心才是最关键的，重心稳了，才能坐得住。最好要三点（臀、两膝）落地，如果没落地，是髋没打开，平时可多做一些开髋练习。双盘腿的具体坐姿是右脚脚背和脚腕搭在左大腿上，尽量靠近大腿根部，然后再同样将左脚脚背和脚腕搭在右大腿上；单盘腿就是只需搭一边腿即可。

在练习盘腿的过程中，不要硬盘，硬盘会伤到膝关节。从普通盘腿开始，升级到单盘，再慢慢升级到双盘。

（2）打坐的脊柱与背

挺胸收腹，脊柱竖直。如果是训练基础较弱者，初学时不可太过拘泥竖直，也不宜过分用力。初学者可以靠墙盘坐，后背有所依靠，但要注意后背垫棉垫，防止墙中湿气侵袭。

（3）打坐的手

可将两手手心朝上，轻置于双膝；或两手手心向上，把右手背平放在左手心上面，两个大拇指轻轻相抵，左右两手置于丹田下面，平放在胯骨部位。

（4）打坐的肩

左右两肩稍微张开，感到胸腔充分打开，使双肩平整适度，不可以沉肩弓背。感觉脊背两边的肌肉稍有若有若无的用力感，这个时候肩就平了，胸也自然能挺起来。

（5）打坐的腹部

稍收紧小腹，以不影响呼吸为限度，腰腹同时收紧，把整个躯干用前后复合的核心静力力量给固定住，只要意识不涣散，身体并不会不稳定或东倒西歪。

（6）打坐的头

头正，后脑稍微向后收放。前颚内收，一定不要低头。如果出现昏沉入睡感，可以稍微抬一点头。

（7）打坐的双目

双目微张，似闭还开，半开半闭视若无睹状。目光随意确定在座前2~3米范围内。如果是平常用眼过度的白领伏案工作者，在静禅打坐之前，可先行闭目为佳。另外，为了防止长期用眼带来的睫状肌紧张，在户外远眺静禅打坐更佳。

口诀：眼观鼻，鼻观心，心观眼，眼观空，空无所空。

（8）舌头的位置

舌头轻微舔舐上腭，犹如还未生长牙齿的婴儿酣睡时的状态。

3. 意念与精神状态

静禅打坐时，要使人体处于"似紧还松"的状态，也就是将维持脊柱稳定的静力力量肌肉控制在一个均衡的紧张状态，但其他肌肉群保持松弛。意念放空，专注心明。

4. 呼吸

采用"数息法"。方法是：由 1 数至 10，再由 10 倒数至 1，如此反复，做到呼吸时脑子里只有数字没有其他杂念（1、2、3……10，10、9、8……1，1、2、3……）。

也可以从 1 数到 100（1、2、3……100，1、2、3…100，1、2、3……）。意念不要放在呼吸上，要自然，也就是"心不要跟着呼吸进到体内，也不要跟着呼吸出到体外"。

所谓息，即是一呼一吸之间，叫一息，也叫一念。数息就是观自己的呼吸，计算其次数，目的在于去除妄想。

5．注意事项

（1）打坐时尽量选择宽松的衣服，不宜穿紧身衣裤，且需注意保暖。

（2）下坐时，先把两手搓热轻轻按摩全身；结束打坐，不要急着站起来，缓缓结束，结束后慢慢走动 5 分钟以上。

（3）吃完饭不要立即打坐，对肠胃消化不好，可以饭后充分走动 40 分钟后再进行静禅打坐。

以上五种复合体能训练方式共同构成了李小龙式复合体能训练法。

龙传旗

打 造 李 小 龙 式 的 肌 肉 与 体 能

李小龙式健身术，除了包含李小龙式肌肉体型训练法（第一章），李小龙式格斗体能训练法（第二章），还包括李小龙式的专属武器体能训练法（也就是本章的内容）。

本章中的内容可能超越了你的想象，难道短棍和双节棍也能进行体能训练？

答案是肯定的。由于持握时的费力杠杆作用，短棍和双节棍作为体能训练器材，可以很好地训练步伐应激体能及核心、肩、背、大臂、小臂的功能性力量。同时利用短棍和双节棍的轻负荷进行减脂训练也是一种高效有趣的训练方式。

此外，很多短棍体能和双节棍体能是和动作技术紧密结合的，锻炼体能的同时我们还能在很大程度上了解、掌握短棍技术和双节棍技术。

由于短棍技术是双节棍技术的基础，因此这一章节的内容我们从短棍开始讲起。

DRAGON

第三章 | 李小龙式
短棍与双节棍健身法

FLAG

第一节

李小龙式短棍体能健身法

李小龙先生在电影《龙争虎斗》中多次上演过包括单棍攻击和双棍攻击在内的精彩短棍攻防情节。我们将在本节内容中，通过系统化的短棍训练，帮助读者掌握李小龙式短棍技术，并丰富我们的体能体型训练。

一、短棍的攻击部位

1. 劈击、扫击、撩击部位

头侧、面部、后脑、颈后、颈侧、颈动脉、锁骨、肩峰、手部、腕部、小臂、肘侧、膝侧、踝侧、腘窝、裆部。

2. 刺击部位

鼻子、眼睛、颧骨下窝、咽喉、喉下窝、腋下、裆部、肘窝、腘窝、嘴、下颌窝。

二、短棍的持棍式与基本步伐

1. 持棍式

（1）前端持棍

① 前端开位持棍

以右手持棍为例。右手右脚为前手前脚，右臂偏向身体右侧持棍，将身体中轴线暴露给对方——此种方法叫做前端开位持棍，是偏进攻型的持棍法。前端开位持棍符合李小龙先生的"强侧在前"理念。

继续者提示

强侧在前，更适合持如短棍、匕首、刺剑等武器的进攻位使用；并不适合徒手格斗。因为徒手格斗的攻击威力远小于持械格斗，前侧徒手攻击，由于蓄力不足，造成的伤害非常有限；而持械格斗，由于武器威力巨大，强侧在前，不需要充分蓄力即可造成强杀伤，同时前侧离对方更近，充分发挥了武器作为手臂延长的优势。

② 前端闭位持棍

以右手右脚为前手前脚，右手持棍向左伸，使右臂挡住我方身体中轴线。此种持棍法叫做前端闭位持棍，是前端持棍中偏防守的持棍法。

前端持棍适用于：应对对方持械（比如持刀或持棍）或徒手攻击，使有力手作为前手，前手持棍，同侧腿作为前腿。这样便于持棍进攻并截击对方的持械攻击。

（2）后端持棍

右手右脚为后手后脚，左手左脚为前手前脚，使左臂封住我方身体中轴线；右手持棍，是偏防守的持棍法。

后端持棍适用于：持棍对付徒手的对方，采用无力手在前，无力手同侧腿为前腿，有力手为后手的站位，前手控制距离或推开对方赢得攻击距离；后手持棍攻击，并防止对方夺棍。也可以用前手虚晃和干扰敌人。

2. 持棍基本步伐

（1）滑前滑后步

功能作用： 滑前步为攻；滑后步为躲。

动作详解： 滑前步：后脚向前推，前脚上步，后脚滑步跟步。滑后步：前脚向后推，后脚撤步，前脚滑步跟步。

（2）鸭子步

功能作用： 上步蹲身，躲闪敌人的高位横扫棍，并用下位横扫棍棍击敌前腿膝侧或踝侧。

动作详解： 双棍之间摆放角度成90度角（开口向前），上转步45度下蹲，撤步回原位，再换另一棍位的下蹲。

（3）前进躬身后躲闪步

功能作用： 躲闪敌人两棍连击。上步躬身躲闪第一次横扫棍；随后闪躲敌人反手的第二次扫棍。

动作详解： 双棍之间摆放角度成 90 度角，上转步 45 度弓腰，前弓步外侧晃身，后躲闪。

（4）三角步

功能作用：躲闪敌人劈击。正手劈左侧时闪身上步；反手劈右侧时闪身上步。

动作详解：双棍之间摆放角度成90度角（开口向前），左斜上步45度，回归起始位；接右斜上步45度，同时上步时抬起持棍手臂，作格挡状，下摆后臂。持棍格挡起防守作用。

（5）斜上步 + 撤摆步

撤摆步的功能作用：防御劈击、撩击、前刺、前冲攻击时使用。

动作详解：双棍之间摆放角度成 90 度角（开口向前），左斜上步 45 度，接以左脚为轴，右脚后撤步顺时针转身 45 度，斜对敌人；回归起始位，右斜上步 45 度，接以右脚为轴，左脚后撤步逆时针转身 45 度，斜对敌人。

（6）横跨撤摆步

动作详解：双棍之间摆放角度成 90 度角（开口向前），我方由双棍中段的靠左侧迈到靠右侧接左脚撤摆步；再由双棍中段的靠右侧迈向靠左侧接右脚撤摆步。

三、短棍"八劈"训练

1. 外斜劈

功能作用： 训练背阔肌与三角肌后束的持械攻击爆发力。

动作详解： 训练者单手持棍格斗架势站立，右肘微屈，右臂向左斜上45度挥起至右手到达左肩上，蓄力；随后右小臂旋前，掌心向下，右臂向右斜下挥击，挥击至手腕到达右大腿外侧位置。蓄力时吸气，劈击时呼气。

2. 内斜劈

功能作用： 训练胸大肌持械攻击爆发力。

动作详解： 训练者单手持棍格斗架势站立，训练者右肘微屈，右臂向右斜上45度挥起至肩关节外展与躯干成约135度角位置，蓄力；随后迅速蹬右腿，腰微左转，向左斜下挥击，挥击到手腕接近左大腿位置。蓄力时吸气，劈击时呼气。

3. 外斜上撩

功能作用：训练三角肌持械攻击爆发力，尤其是三角肌中束和后束。

动作详解：训练者单手持棍格斗架势站立，先内斜劈蓄力；随后右小臂旋前，右臂向右斜上挥起至肩关节外展与躯干成约135度角位置。蓄力时吸气，撩击时呼气。

4. 内斜上撩

功能作用：训练三角肌前束与胸大肌上侧持械攻击爆发力。

动作详解：训练者单手持棍格斗架势站立，先外斜劈蓄力；随后右小臂旋后，再次将右臂向左斜上45度挥击战术棍。蓄力时吸气，撩击时呼气。

> 注：外斜劈、内斜劈、外斜上撩、内斜上撩可以统一归纳为"对角线劈棍"或"X劈棍"。

5. 正手横扫棍

功能作用：训练胸大肌与三角肌前束持械攻击爆发力。

动作详解：训练者单手持棍格斗架势站立，先外展肩蓄力；随后，右臂持棍掌心向左，右臂向左水平挥击。蓄力时吸气，扫击时呼气。

> **继续者提示**
>
> 攻击蓄力时可左臂微外展，攻击时可左臂附加内收动作，以增加动作稳定性与平衡性。

6. 反手横扫棍

功能作用：训练三角肌后束持械攻击爆发力。

动作详解：训练者单手持棍格斗架势站立，先水平内收肩关节蓄力；随后，右手持棍掌心向右，右臂向右水平挥击。蓄力时吸气，扫击时呼气。

继续者提示

攻击蓄力时左臂可内收，攻击时左臂可附加外展动作，增加动作稳定性与平衡性。

7. 竖劈

功能作用：训练背阔肌持械攻击爆
发力。

动作详解：训练者单手持棍格斗架势
站立，先右臂向上举棍蓄力；随后，
右手持棍掌心向下，右臂向下垂直
挥击。蓄力时吸气，劈击时呼气。

8. 上撩

功能作用： 训练三角肌前束持械攻击爆发力。

动作详解： 训练者单手持棍格斗架势站立，先右臂向下甩棍蓄力；随后，右手持棍掌心向上，右臂持棍向上垂直撩击。蓄力时吸气，撩击时呼气。

> 注：正手横扫棍、反手横扫棍、竖劈、上撩可以统一归纳为"十字劈棍"。"对角线劈棍"和"十字劈棍"统称为短棍基础棍法的"八劈"。

四、短棍"七刺"训练

1. 正手突刺

功能作用： 训练三角肌前束与肱三头肌持械攻击爆发力。

动作详解： 训练者单手持棍格斗架势站立，持棍侧肩关节后伸并外展蓄

力，然后快速向前伸臂用棍头直线向前戳击。一般情况下，该技术可与"八劈"配合使用。

2. 反手突刺

功能作用：训练三角肌前、中束持械攻击爆发力。

动作详解：训练者单手持棍格斗架势站立，持棍侧肩关节后伸并外展蓄力，肩关节快速从水平位置向左侧内收，并出棍戳击——形成反手突刺。一般情况下，该技术可与"八劈"配合使用。

3. 下位突刺

功能作用：训练胸大肌与三角肌前束持械攻击爆发力。

动作详解：训练者单手持棍格斗架势站立，持棍侧肩关节后伸并蓄力，斜向上突刺，也可以蹲身位来进行下位突刺。一般情况下，该技术可与"八劈"配合使用。

4. 上刺

功能作用：训练三角肌前束持械攻击爆发力。

动作详解： 训练者单手持棍格斗架势
站立，持棍侧肩关节后伸蓄力，然后
快速向上或斜上用棍头戳击。主要攻
击位置是下颌。一般情况下，该技术
与棍锁抓捕技术配合使用。

5. 下砸

功能作用： 训练背阔肌持械攻击爆发力。

动作详解： 训练者单手持棍格斗架势站立，持棍右臂高举蓄力，随后快速向下用
棍头戳击。主要攻击位置是肩峰或者前躬身敌人的后脑，一般情况下，该技术与
棍锁抓捕技术配合使用。

6. 横刺

功能作用： 训练三角肌中、前束与胸大肌上侧的持械攻击爆发力。

动作详解： 训练者单手持棍格斗架势站立，持棍侧肩关节外展蓄力，然后快速以摆拳轨迹挥棍并用棍头戳击。最好是持棍中段位置，主要攻击位置是头侧。该技术一般与棍锁抓捕技术配合使用。

7. 横向反砸

功能作用： 训练三角肌中、后束与背阔肌上部持械攻击爆发力。

动作详解： 训练者施展横刺后，如果打空，可尝试施展这一动作。由持棍肩关节水平内收极限位开始，用持棍末端横向摆击的近身棍法。对方近身位时，我方可用此技术摆脱或反击，攻击对方太阳穴或 L 站位时的鼻眼部。

五、特殊棍法与攻击组合

1. 特殊棍法

（1）大圆攻击

攻击部位： 头侧、颈部、手臂、锁骨等。

① 正手大圆攻击

右手持棍格斗架势站立，先向后移棍并在头顶上以大圆轨迹顺时针挥动，借助大圆挥动的惯性向前向左正手画大圆劈击。整个过程类似于中国武术中单刀的"缠头裹脑"挥击大刀。主要攻击部位同内斜劈相似，但由于蓄力更充分，攻击威力要高于内斜劈。

② 反手大圆攻击

右手持棍格斗架势站立，先向后移棍并在头顶上以大圆轨迹逆时针挥动，借助大圆挥动的惯性向前向右画大圆反手劈击。主要攻击部位同外斜劈。

（2）小圆攻击

攻击部位：手腕。

① **正手小圆攻击**：右手持棍格斗架势站立，利用小臂和手腕的旋转，顺时针向前向左画小圆劈击，途中没有棍子向头顶摆动的过程。

② **反手小圆攻击**：右手持棍格斗架势站立，利用小臂和手腕的旋转，逆时针向前向右画小圆劈击，途中没有棍子向头顶摆动的过程。

2. 攻击组合

（1）左"X"攻击组合 = 内斜劈 + 外斜上撩。

（2）右"X"攻击组合 = 外斜劈 + 内斜上撩。

（3）外斜劈 + 内斜劈。

（4）内斜上撩 + 外斜上撩。

（5）"X"自由劈击组合：随机进行四种"X劈棍"劈击的组合攻击。

（6）"八劈"自由劈击组合：随机进行八种劈击的组合攻击。

（7）内斜劈 + 反手突刺。

实战迁移作用：内斜劈阻击对方持械手腕，反手突刺攻击对方咽喉。

（8）右上转步内斜劈 + 反手横扫。

实战迁移作用：右上转步内斜劈截击对方持械手腕，反手横扫攻击对方右头颈侧。

（9）左上转步外斜劈 + 正手横扫。

（10）摆劈三连击。

实战迁移作用：正手小范围横扫 + 反手小范围横扫 + 竖劈。训练手腕在连续攻击时的复合动作速率。

六、持棍击靶训练

就像打拳踢击可以通过击打沙袋来训练，摔法可以通过抱摔沙人来训练一样，短棍术也可以通过击靶来进行训练。在没有专业战术棍靶的情况下，可以采用吊轮胎击打的形式来训练：

取小号汽车外胎两只，竖向拴在一起，然后将两只轮胎吊在高架上，使轮胎下端距离地面约 50 厘米。训练者可以面向轮胎侧面而站，使用前文介绍的各种棍法和棍法组合击打轮胎，形成基础击打的神经肌肉条件反射。

七、双棍训练

李小龙先生在电影《龙争虎斗》中有过持双棍的精彩表演，我们将在本节中系统学习双棍技术。

1. 双棍持棍式

（1）垂直持棍式

本动作在《龙争虎斗》中出现过；是实战持双棍式的基础动作。

动作详解： 训练者格斗架势站立，左手持棍，向前伸左臂，使左棍水平向右；右手持棍，向前伸右臂，使右棍垂直向上。

（2）实战持双棍式

动作详解： 训练者格斗架势站立，左手持棍，向前伸左臂，肘部微屈，使左棍水平向右或向右上；右手持棍，屈右臂，使右棍垂直向上或斜向上。双手臂微屈蓄力，伺机而动，准备攻防。

> **继续者提示**
>
> 可以选择左手持棍右端，即"防势持双棍"，左图中为这种持法；也可以左手持棍左端，即"攻势持双棍"，右图中右侧持双棍者为此种持法。

2. 双棍实战技术

（1）单棍通用技术

动作详解： 训练者手持双棍，格斗架势站立。双棍均可采用前面介绍的"八劈""七刺"及大小圆攻击等单棍手法。但实战中，弱手侧的大圆，通常攻击威力远小于强手侧。

（2）双棍上下层打

动作详解： 训练者手持双棍格斗架势站立。左右手交替从上至下进行正手横扫，打头侧、颈侧、肩侧、肘侧、腕侧、膝侧、踝侧；以上 7 个动作计数一次。

组次数安排： 2~4 组，每组 10~20 次，要求训练中左手先打与右手先打次数一样。

（3）双棍转身打

① 转身 2 打

动作详解： 训练者手持双棍格斗架势站立。右脚上转步 90 度并打出一记右棍内斜劈，接左脚后转撤步 270 度并借惯性完成左棍外斜劈，回归起始位。

② 转身 3 打

动作详解： 训练者手持双棍格斗架势站立。左棍外斜劈，接右脚上转步 90 度并打出一记右棍内斜劈，接左脚后转撤步 270 度并借惯性完成左棍外斜劈，回归起始位。

③ 转身 4 打

动作详解：训练者手持双棍格斗架势站立。左棍外斜劈，接右脚上转步 90 度并打出一记右棍内斜劈，接左脚后转撤步 270 度并借惯性完成左棍外斜劈，接右棍横扫，回归起始位。

组次数安排：2~4 组，每组左右架势各 10~20 次。

（4）前防后打

① 前外格挡 + 后打

动作详解：训练者手持双棍格斗架势站立。左棍作外格挡，同时微向左转身，借惯性完成右棍内斜劈。

② 前随动格挡 + 后打

动作详解：训练者手持双棍格斗架势站立。左棍作随动内格挡，同时微向右转身，借惯性完成右棍外斜劈。完成上述动作计数一次。

组次数安排：2~4 组，每组左右架势各 20~30 次。

（5）后防前打

① 后外格挡 + 前打

动作详解： 训练者手持双棍格斗架势左势站立。右棍作外格挡，同时微向右转身，借惯性完成左棍内斜劈（或横扫）。

② 后内格挡 + 前打

动作详解： 训练者手持双棍格斗架势左势站立。右棍作内格挡，同时微向左转身约 90 度，右棍反手横扫敌面部，再接左棍突刺敌脸部，随后后撤步保持敌我距离。完成上述动作计数一次。

组次数安排： 2~4 组，每组左右架势各 20~30 次。

第二节
李小龙式双节棍健身法

如果没有李小龙先生的经典作品《精武门》《猛龙过江》《龙争虎斗》，或许很少有人会了解双节棍这种特殊的、柔中带刚的近身短打冷兵器。

双节棍的训练，对于人体的自体应激体能素质、本体感觉、控制力以及空间感知的训练效果比短棍更好。由于双节棍的铁链结构，击打物体时产生的反作用力不会反弹到手部、腕部和肘关节，所以双节棍对于手臂关节的压力更小；但是要小心双节棍击打的反作用力使反弹回的棍梢打到自己，这就需要通过提高双节棍的控制技术来弥补了。

双节棍可以兼容站立体能模式、坐姿体能模式和地面体能模式；可以有效提高力量、速度、耐力、应激、平衡、柔韧等多项体能素质，同时也可以作为升级体能的有效训练器材。其中，双节棍攻击需要的是速度、力量和爆发力；连续甩动双节棍需要的是混氧耐力。双节棍的每一下攻击都需要良好的自体应激体能素质，其对于站立体能模式的平衡素质要求要比短棍高。双节棍攻击需要腕关节、肘关节、肩关节、胸椎的柔韧性素质作为基础，如果是将双节棍和腿法结合起来攻击，对于人体髋关节柔韧性也有一定要求。

> 注：本节中，关于双节棍的术语：手持棍为手里握紧的那段棍子；攻击棍为链子远端击打对方的那段棍子。

一、双节棍的基本攻击部位

1. 劈击、扫击的攻击部位

头侧、脸部、后脑、后颈、颈侧、颈动脉、锁骨、肩峰、手部、小臂、肘侧、膝侧、踝侧、腘窝、裆部。

2. 戳击、砸击的攻击部位

鼻子、眼睛、咽喉、喉下窝、下颌窝、后脑、太阳穴、脊柱、裆部。

二、双节棍静态持棍式

静态的基本持棍定势有：腋下夹棍式、过肩背棍式、平举式、腰后持棍式、腰前持棍式、守势悬空持棍、攻势悬空持棍。

1. 腋下夹棍式

训练者右手持棍格斗架势站立，右腋下夹住攻击棍。可成持棍手在后的正架，谓
之守势；也可成持棍手在前的反架，谓之攻势。

2. 过肩背棍式

训练者右手过肩背棍持棍。即右手持
棍，举起右臂，铁链过右肩，攻击棍
在右大臂后外侧的状态。过肩背棍持
棍式，尽量用对侧手掏腋下，对攻击
棍棍梢进行抓取式缓冲，同时抓握住
竖直向下的棍梢。

3. 平举式

训练者两脚岔开，站距与肩同宽或略
宽于肩，双手各持双节棍一段，铁链
在中间，棍平行于地面，做类似于杠
铃前平举的姿势状态。

4. 腰后持棍式

训练者将双节棍置于腰后，双手作背后状，各持一段双节棍。

5. 腰前持棍式

训练者将双节棍自然横于腰前，双手
各持一段双节棍。伺机而动，采取前
手持棍或后手持棍，皆可攻击。

6. 守势悬空持棍

训练者右手持棍格斗架势站立，攻击
棍自然下垂，成持棍手在后的正架，
谓之守势悬空持棍。

7. 攻势悬空持棍

训练者右手持棍格斗架势站立，成持
棍手在前的反架，谓之攻势悬空持棍。

三、双节棍的格挡

1. 单手持双节棍无法正面格挡

由于铁链的存在，双节棍无法像短棍那样，迎击格挡对方的武器，格挡反弹的攻击侧棍可能打到自己。

2. 双节棍的摇闪

由于不能采取迎击格挡，所以可以将徒手格斗中的摇闪迁移到双节棍中使用，下文有实例。

3. 单手持棍随动格挡

双节棍和战术棍一样可以进行随动格挡，也就是顺着对方木棍的攻击方向格挡一次。随动格挡必须结合步伐和闪避，同时利用随动格挡的反弹力进行弹打攻击，下文有实例。

4. 双手持双节棍格挡

双手持双节棍的两端，拉直铁链，可以用双节棍铁链进行格挡。

四、双节棍的持棍步伐

本书中所讨论的体能系统，强调动作技术与体能的通用性和迁移性，因此本书中所介绍的大部分短棍步伐都可以迁移到双节棍步伐中。

1. 滑前滑后步

功能作用： 滑前步为攻；滑后步为躲。

动作详解： 采用腰前持棍式或守势悬空持棍式持双节棍，后脚向前推，前脚上步，后脚滑步跟步；随后前脚向后推，后脚撤步，前脚滑步跟步。

2. 鸭子步

功能作用： 上步蹲身躲闪敌人的高位横扫棍，并用下位横扫棍棍击敌前腿膝侧或踝侧。

动作详解： 和战术棍的鸭子步类似。双棍之间成90度角摆放（开口向前），训练者采取腰前持棍式持双节棍，上转步45度下蹲，撤步回原位，再换另一棍位的下蹲。

3. 双节棍摇闪步

功能作用： 摇闪对方的摆拳或者横扫棍。

动作详解： 我方采取腰前持棍式，当对方右横扫棍打来时，我方双手持双节棍架于头前护头，蹲身，前躬身，左脚向左滑步，从对方棍下摇闪躲过其扫击。躲过的一瞬间借起身之际，直接大圆攻击对方面部。

4. 三角步

功能作用： 躲闪敌人劈击。正手劈左侧闪身上步；反手劈右侧闪身上步。

动作详解： 采取腰前持棍式，双棍之间成90度角摆放（开口向前），左斜上步45度，回归起始位；接右斜上步45度，同时上步时抬起持棍手臂，做格挡状，下摆后臂。持棍格挡起防守作用。

5. 斜上步 + 撤摆步

功能作用： 防御劈击、撩击、前刺、前冲攻击时使用。

动作详解： 采取腰前持棍式，双棍之间成90度角摆放（开口向前），左斜上步45度，接以左脚为轴，右脚后撤步顺时针转身45度，斜对敌人，同时做一次双手持棍格挡；回到起始位。接右斜上步45度，以右脚为轴，左脚后撤步逆时针转身45度，斜对敌人，再做一次双手持棍格挡。

> 注："斜上步+撤摆步+随动格挡"的实战运用

腰前持棍式格斗架势站立，对方持短棍斜劈我方头部，我方右摆撤步躲过对方棍击锋芒，用外斜劈双节棍（或双手持棍格挡）跟随对方的攻击轨迹随动格挡，劈击对方持棍手后外侧（或者对方棍后侧），接右手持棍横扫对方面部。

如果我方使用外斜劈双节棍随动格挡，格挡到对方棍后侧时，产生反弹力，我方可借反弹力完成一次弹打横扫棍。

6. 横跨撤摆步

动作详解： 双棍之间成90度角摆放（开口向前），我方采取腰前持棍式，由双棍中段偏左侧迈到右侧接右脚撤摆步；再由双棍中段偏右侧迈向左侧接左脚撤摆步。

五、双节棍的基础"五打三撩一地躺"训练

由于双节棍攻击后的反弹棍效应，因此双节棍不适合用三种上撩（上撩、内斜上撩、外斜上撩）进行攻击，双节棍一般只用三种劈（竖劈、内斜劈、外斜劈）以及两种横扫（正手横扫、反手横扫）作为攻击方式。

1. 五打训练

（1）外斜劈

动作详解： 训练者单手持棍，格斗架势站立，右肘微屈，右臂向左斜上挥起至右手到达左肩上，蓄力，攻击棍搭在左背。随后右小臂旋前，掌心向下，右臂向右

斜下挥击，挥击到手腕到达右大腿外侧位置。蓄力时吸气，劈击时呼气。此动作主要攻击对方右颈、右肩、右脸及右腕外侧等。

继续者提示

训练和实战时注意肌肉力量控制，避免攻击棍击空后打到自己的同侧腿。

（2）内斜劈

动作详解： 训练者单手持棍，格斗架势站立，右肘微屈，右臂向右斜上挥起至肩关节外展、与躯干成 135 度角位置，蓄力，攻击棍搭在背上。然后迅速蹬右腿，胸椎微左转，向左斜下直线挥击，挥击到手腕接近左大腿位置。攻击棍如果打空，向我左大腿外侧运动，蓄力时吸气，劈击时呼气。主要攻击对方左颈、左肩及右腕内侧等。

继续者提示

训练和实战时注意肌肉力量控制，避免攻击棍击空后打到自己的同侧腿。

（3）竖劈

动作详解： 训练者单手持棍，格斗架势站立，先右臂向上举棍蓄力，攻击棍搭在我方右背。随后持棍手掌心向下，右臂持棍向下垂直挥击。蓄力时吸气，劈击时呼气。主要攻击对方锁骨、肩峰或者前伸臂的手腕。

> **继续者提示**
>
> 训练和实战时注意肌肉力量控制，避免攻击棍击空后打到自己的同侧腿。

（4）正手横扫棍

动作详解： 训练者单手持棍，格斗架势站立，先外展肩蓄力，攻击棍在我方右侧悬空，左臂微外展蓄力。随后持棍手掌心向左，右臂持棍向左水平挥击，同时左臂水平内收，平衡挥击力量；注意挥空的攻击棍不要碰到我方手臂，可以缓冲结束到我方左腰后侧。蓄力时吸气，扫击时呼气。主要攻击对方左侧头颈及左侧关节外侧。也可以蹲位扫击对方膝侧或踝侧。

（5）反手横扫棍

动作详解： 训练者单手持棍，格斗架势站立，先水平内收肩关节蓄力；攻击棍在我方左大臂外侧悬空，左臂内收蓄力。然后，持棍掌心向右，右臂持棍向右水平挥击，同时左臂水平外展，平衡挥击力量；注意挥空的攻击棍不要碰到我方身体，可以缓冲结束到我方右背后侧或右腰后侧。蓄力时吸气，扫击时呼气。主要攻击对方右侧头颈及右侧关节外侧。也可以跨位扫击对方膝侧或踝侧。

实战两打： 为了避免实战中双节棍的攻击棍反弹攻击到自己，最安全的攻击方式还是各种正手和反手横扫的组合攻击。攻击可以分为上段（攻击头颈）、中段（攻击肘和伸出的手腕）、下段（攻击膝关节外侧）、低段（攻击足内踝和足外踝）四段攻击。

举例：一段横扫打肘，二段横扫打颈。

2. 三撩训练

对于初学者，以下三种双节棍棍法主要功能是棍换手，向上撩击时有一定概率会打空碰到我方头部，所以在实战中通常不作为攻击手段。

当熟练使用双节棍后，外斜撩和内斜撩也可以成为攻击手段。尤其是外斜撩与内斜劈，以及内斜撩与外斜劈形成对角线连击的攻击。

（1）外斜上撩

功能作用： 可作为过肩腋下换手棍的过渡技术，动作的具体击打方向见箭头方向。

动作详解： 训练者以左手过肩背棍持棍作为起始动作：左手持棍，举起左臂，铁链过我左肩，攻击棍在我左大臂后外侧的状态。训练者右手向左腋下掏，抓到攻击棍，完成换手。随后右小臂旋前，掌心向上趋势，右臂向右斜上45度挥起，接后挑缓冲，使身体成右手过肩背棍持棍状态。随后，训练者左手向右腋下掏，抓到攻击棍，完成换手。随后左小臂旋前，掌心向上趋势，左臂向左斜上45度挥起，接后挑缓冲，使身体成左手过肩持棍状态。依次循环，完成过肩腋下换手棍。

（2）内斜上撩

功能作用： 可作为外斜劈的蓄力动作，击打方向见箭头方向。

动作详解： 训练者单手持棍，格斗架势站立，先外斜劈蓄力，使攻击棍在我方右大腿外侧悬空。随后右小臂旋后，掌心向上趋势，右臂向左斜上45度挥击，至右手到达左肩上，缓冲，攻击棍搭在我左背。左手持棍同法反向。蓄力时吸气，撩击时呼气。

（3）上撩

功能作用： 既可作为过肩换手棍的过渡技术，又可作为竖劈的蓄力动作，击打方向见箭头方向。

动作详解： 训练者单手持棍，格斗架势站立，先左臂向下甩棍蓄力，注意

攻击棍在腿外侧，不要碰到腿。随后左臂持棍向上垂直撩起，成左手过肩持棍。后面可接竖劈攻击或者过肩换手棍。蓄力时吸气，撩起时呼气。

3. 地躺双节棍

本技术在《精武门》一片中有所演示，主要是在被敌方打倒后，被迫在地面上使用的双节棍术，攻击的目标部位是对方的脚踝，为再次站立创造条件。

动作详解： 以地面横扫棍为主，主要分为俯卧地面横扫棍与仰卧地面横扫棍。其中俯卧地面横扫棍以挥动大臂为主要发力来源；仰卧地面横扫棍必须借助地面仰卧旋转的力量才能打出力度。

六、双节棍的基础"五戳两砸"训练

双节棍的"五戳两砸"作为近身攻击的临时补充手段，不作为双节棍的主要攻击手段。

双节棍的近身"五戳两砸"，对于手大者使用更加方便。手小者难以同时握住两根棍，容易在使用戳砸时棍子脱手，所以在使用双节棍攻击时要尽量避免近身，如果采取近身，应戳砸要害后，立即后撤拉开距离。

1. 正手戳击

动作详解： 训练者单手持并列双棍，格斗架势站立，持棍侧的肩关节后伸并外展蓄力，然后快速向前伸臂用棍链端直线向前戳击。攻击位置一般是同侧眼睛、嘴部、喉部、同侧肋下、太阳神经丛等。一般该技术使用完立即撤身，接五打劈击。

2．反手戳击

动作详解： 训练者单手持并列双棍，格斗架势站立，持棍侧肩关节后伸并外展蓄力，快速从肩关节水平状态内收到最左位置，从左肩位置出棍戳击——形成反手突刺。攻击位置一般是对侧眼睛、嘴部、喉部、对侧肋下、太阳神经丛等。

3．下位戳击

动作详解： 训练者单手持并列双棍，格斗架势站立，持棍侧肩关节后伸并蓄力，斜向上突刺，也可以蹲身位进行下位突刺。攻击位置一般是鼻子、嘴部、喉部、肋下、太阳神经丛、腹股沟等。

4．挑戳

动作详解： 训练者单手持并列双棍，格斗架势站立，持棍侧肩关节后伸蓄力，随后快速向上或斜上用链端棍头戳击。主要攻击位置是软腭。也可以在对方前躬身位时，戳击咽喉。

5. 下砸

动作详解：训练者单手持双棍（或者双手各持一根棍），格斗架势站立，持棍臂高举蓄力，然后快速向下用棍头戳击（单手持时用链端戳击；双手持时用链端、棍梢端戳击均可）。主要攻击位置是前躬身敌人的后脑。

6. 横摆戳

动作详解：训练者单手持并列双棍，格斗架势站立，持棍侧肩关节外展蓄力，随后快速以摆拳轨迹挥棍并用链端棍头戳击。持握手法最好是握棍中段，主要攻击位置是头侧。

7. 横向反砸

动作详解： 训练者单手持并列双棍，格斗架势站立。由持棍侧肩关节水平内收至极限位开始，用棍梢端横向摆击近身敌人。对方近身位时，我方可用此技术摆脱或反击，攻击对方太阳穴或 L 站位时的鼻眼部。

七、双节棍大小圆技术

双节棍大小圆技术与战术棍大小圆技术之间，既有区别也有联系。双节棍小圆技术作为过渡技术存在，攻击力很低，而战术棍小圆技术是专门为实战攻击所使用的；第二点区别在于，双节棍的大小圆技术都需要较难的缓冲技术加入，而与战术棍结合的缓冲技术则相对较简单。

双节棍与战术棍的相同点在于，两者的手腕与大臂发力挥动比较相似，所以对于初学者而言，可以把战术棍作为双节棍的基础训练。

1. 正手大圆攻击

攻击部位： 头侧、颈部、手臂、锁骨等。

动作详解： 右手持棍格斗架势站立，先向后在头顶上以大圆轨迹顺时针挥动攻击棍，借助大圆挥动的惯性向前向左正手画大圆劈击。整个过程类似于中国武术中单刀的"缠头裹脑"挥

击大刀。主要攻击部位同内斜劈，是内斜劈的升级版，但由于蓄力更充分，因此攻击威力要大于内斜劈。

2. 小圆过渡技术

功能作用: 迷惑敌人，为接下来的攻防技术创造条件；同时也是初学者寻找双节棍棍感的入门训练。

(1) 顺时针小圆

动作详解: 右手持棍格斗架势站立，利用小臂和手腕的旋转，顺时针向前向左画小圆使攻击棍转动。

(2) 逆时针小圆

动作详解: 右手持棍格斗架势站立，利用小臂和手腕的旋转，逆时针向前向右画小圆，使攻击棍转动。

3．上步转身大圆

（1）上步转身大圆

动作详解：右脚在前，右手攻势悬空持棍作为起始姿势。左脚后撤步逆时针转身
180 度，同时右手持棍在头顶水平面逆时针转棍一周，借转棍一周的惯性，完成一
次大圆攻击。结束时，身体成左脚在前，右手持棍的守势。

（2）斜劈 + 上步转身大圆

动作详解：身体成左脚在前、右手持棍的守势。右脚上步同时完成一次右内斜劈，
随后接一次上步转身大圆。最后，回归起始时左脚在前、右手持棍的守势。

（3）斜劈 + 腾空上步转身大圆

动作详解：身体成左脚
在前、右手持棍的守势。
右脚上步同时完成一次
右内斜劈；随后接上步
转身大圆攻击的同时抬
左脚跳起，在空中完成
180 度逆时针转体，左脚
落地，并完成一次大圆
攻击，右脚跟步。最后，
回归起始时左脚在前、
右手持棍的守势。

八、夹棍式打法

1. 毒蛇吐信

动作详解：训练者右手持棍格斗架势站立，右腋下夹住攻击棍，称为右腋下夹棍式。然后松开右腋下，使攻击棍自由下垂，同时在水平面通过爆发力将攻击棍横向自内而外甩出；若未攻击到目标，攻击棍在空中矢状面画逆时针小圆，待攻击棍下落时，向怀内抖腕，使攻击棍重新夹于右腋下，回归右腋下夹棍式。

继续者提示

毒蛇吐信的攻击棍运动轨迹，类似于下文介绍到的"8字大棍花"中的"矢冠二维空间8
字斩"，但毒蛇吐信是"水平面顺时针与矢状面逆时针的空间8字斩"。

2. 腋下夹棍 → 过肩背棍

以右腋下夹棍式作为起始姿势，放松右臂，使攻击棍自由下垂，同时通过爆发力
向上抖腕，使攻击棍上撩，至攻击棍垂直贴在大臂后外侧，形成右手过肩持棍式：
即右手持棍，举起右臂，铁链过我右肩，攻击棍在我右大臂后外侧的状态。我方
左手做向右腋下掏的动作，利用左手进行进一步对攻击棍的缓冲。

3. 右过肩背棍 → 换手左上撩 →
   左过肩背棍 → 换手右上撩 →
   右过肩背棍

本技术作为棍花或实战过渡技术存在，本身没有实战攻击性。本技术链的配图采用双人演示，目的是让读者看明白棍子的走向。

九、过肩背棍式打法

以过肩背棍式作为起始动作。后面可以接竖劈、内斜劈和正手横扫攻击。也可以
接腋下过肩换手棍。

十、悬空棍打法

1. 正 X 连击

内斜劈与外斜劈的连续交替攻击组合。

2. 反 X 连击

内斜上撩和外斜上撩连续交替的攻击训练组合。

3. 上下连段

正手横扫和反手横扫连续
变化高低段位的击打组
合。比如：右手持棍正手
横扫打敌左侧头侧或颈
侧（上段）（图1），肘
侧或手腕（中段）（图
2~5），膝侧（下段）（图
6），踝侧（底段）（图7），
就形成了一个四连打。

图 1

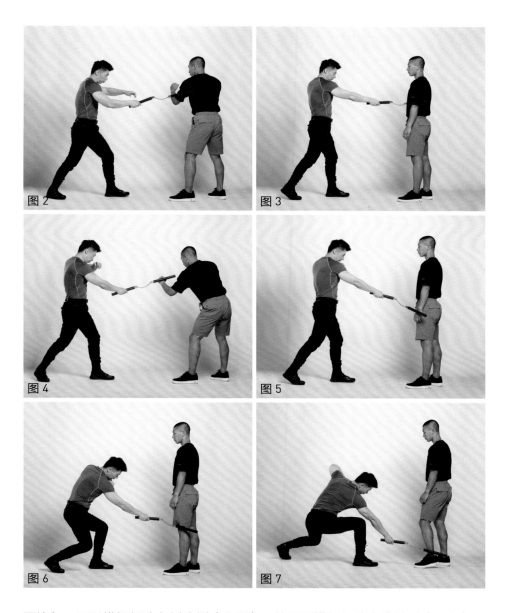

图 2　　图 3　　图 4　　图 5　　图 6　　图 7

再比如：正手横扫打敌左侧头侧（上段），接反手横扫打敌右膝外侧（下段），
就形成了一个变换方向的二连打。

十一、腰间棍打法

预备训练： 正抓棍与反抓棍。

正抓棍为： 大拇指侧靠近链侧的抓棍方式。正手
抓一般是攻击性抓握法。

反抓棍为： 小拇指侧靠近链侧的抓棍方式。反手
抓一般是棍花及表演性抓握法。

双节棍攻击时，全用正抓棍；过渡技术时（比如
前腰间换手的正反抓棍切换时）采用反抓棍。

1. 后腰间换手

右手正手抓棍，左腰扫，接后腰扫；后腰扫时在
背后换手抓攻击棍，变左手正手抓。然后，左手
正手抓棍，右腰扫，接后腰扫；后腰扫时在背后
换手抓攻击棍，变右手正手抓。依次循环。

2. 前腰间换手

右手正手抓棍，左腰扫，在腰左侧，左手反抓手持棍。然后左手反抓，完成右腰
扫，左腰扫。接右手正抓手持棍，接拔刀式右手正抓右横扫，接左腰扫，接拔刀
式，接左手反抓腰扫……依次循环。

> 注：这种在腰侧一手正抓手持棍一手反抓手持棍的抓法，叫做"拔刀式"。

3. 前后腰换手

右手正抓，左腰扫；换手，左手反抓，右腰扫；左手反抓，左腰扫；换手，右手
正抓，背后换棍换手持。左手正抓，右腰扫；换手，右手反抓，左腰扫；右手反

抓，右腰扫；换手，
左手正抓，背后换棍
换手持。

4. 反抓棍四相连击

此处以左手反抓为例，右手类似。左手反抓，先左腰扫，接右腰扫，接反抓过肩背棍，接反抓下劈结束。

口诀：左手持，左右上下。右手持，右左上下。

反抓上挑时肩关节水平外展位旋后 180 度左右，反抓下劈时肩关节水平外展位旋前 180 度左右。反抓过肩背棍时，手持棍棍梢尽量向下；反抓平时状态时，手持棍棍梢向上。

继续者提示

反抓过肩背棍比正抓过肩背棍难度大，一定注意充分缓冲，过肩别棍时的攻击棍只能碰到我方同侧大臂外侧，如若碰到我方肘部、肩部、头部，均为失败动作。

十二、双节棍"拔刀术"

双节棍"拔刀术"，类似于腰间持刀拔刀术，是集隐藏与偷袭为一体的技术。

由于双节棍体积小，便于隐藏，可以把其隐藏在腰间，并用身体位置遮蔽住对方的视野，趁对方不注意时，突然从腰间抽出双节棍，抽出同时完成一记大力斜上撩，后接连击。

比如，我方采取左手反抓、右手正抓的左腰间拔刀式。趁对方不备，我方突然右手拔出双节棍，同时一记右斜上撩攻击对方脸部；后面可接斜劈或者多段横扫棍连击。

十三、连击棍法选讲

此处我们先学习一下双节棍基本定势，包括：静态定势和动态定势。

静态定势涵盖了：腋下夹棍式、过肩背棍式、平举式、腰后持棍式、守势悬空持棍、攻势悬空持棍。

动态定势涵盖了：毒蛇吐信、腋下夹棍式到过肩背棍式、腋下过肩换手棍、前腰花、后腰花、大棍花。

下面要介绍的 5 种连击棍法就是由这些基本定势构成的。

1. 8 字大棍花

预备动作：矢冠二维空间 8 字斩即矢状面逆时针挥棍，接冠状面顺时针挥棍，再接矢状面逆时针挥棍……形成跨矢状面与冠状面的 8 字轨迹。

将矢状面的逆时针公转自转双斩，和冠状面顺时针转结合起来循环，就是继续者大棍花。

> **继续者提示**
>
> 在矢冠二维空间8字斩的基础上，在矢状面使棍子逆时针转的过程中加入手腕的逆时针公转，这样在极短的时间内，使棍子完成两周的逆时针旋转，一周源自自转，另一周源自手腕的公转。这种既有自转又有人体关节公转的手法，叫做公转自转双斩。

结束动作：8 字大棍花，可以在外斜劈后接向前的小圆，以腋下夹棍式结束；也可以外斜劈接过肩背棍结束；还可以外斜劈接过肩背棍，再接竖劈，以腋下夹棍式结束。

2.《精武门》棍花

①右持棍；②顺时针小圆 ×4；③右腋下夹棍式（图 1）；④右过肩背棍（图 2）；⑤腋下换手棍（图 3）；⑥左过肩背棍（图 4）；⑦腋下换手棍（图 5）；⑧（右过肩背棍 + 竖劈）×2（图 6、图 7）；⑨右腋下夹棍（图 8）；⑩下劈；⑪右过肩背棍 → 腋下过肩换手棍 → 左过肩背棍 → 腋下过肩换手棍 → 右过肩背棍 → 右腋下夹棍。

图1　　　　　　　　图2　　　　　　　　图3

图4　　　　　　　　图5　　　　　　　　图6

图7　　　　　　　　图8

3.《猛龙过江》单棍花

①背后抄棍（图1）；②右过肩背棍（图2）；③前小圆（图3、图4）；④右过肩
背棍（图5）；⑤竖劈（图6）；⑥右过肩背棍（图7）；⑦右腋下夹棍（图8）。

4.《猛龙过江》双棍花

图1　图2　图3　图4　图5　图6　图7　图8　图9

①双腋下夹棍（图1）；②双前小圆×4（图2）；③双过肩（图3）；④双前小圆
（图4）；⑤双腋下（图5）；⑥双毒蛇吐信（图6、图7、图8）；⑦双腋下（图9）。

5. 《龙争虎斗》单棍花

图1　　　　图2　　　　图3　　　　图4

图5　　　　图6　　　　图7　　　　图8

图9　　　　图10　　　　图11　　　　图12

图13　　　　图14　　　　图15　　　　图16

图 17

图 18

图 19

图 20

继续者提示

本图片只演示到①→⑮，⑯以后是将前面的棍花重复一遍。

①平举式，右持（图1、图2）；②左腰换手，右手换左手（图3、图4）；③左手持右腰扫（图5）；④左手持左腰扫（图6）；⑤反抓左上挑（图7）；⑥反抓左下劈（图8）；⑦拔刀式斜撩（图9、图10）；⑧右过肩背棍（图11）；⑨前小圆或竖劈（图12）；⑩右过肩背棍（图13）；⑪腋下换手（图14）；⑫左过肩背棍（图15、图16）；⑬右过肩背棍（图17）；⑭小圆或竖劈（图18）；⑮右持斜劈（图19、图20）；⑯左腰换手，右手换左手；⑰左手持右腰扫；⑱左手持左腰扫；⑲反抓左上挑；⑳反抓左下劈；㉑拔刀式斜撩；㉒右过肩背棍；㉓前小圆（或竖劈）；㉔右过肩背棍；㉕腋下换手；㉖左过肩背棍；㉗右过肩背棍；㉘小圆（或竖劈）；㉙右过肩背棍；㉚下劈；㉛右过肩背棍；㉜右腋下夹棍。

龙传旗

打造李小龙式的肌肉与体能

本书的前面几章讲的是多样化的训练方法，而如何把这些训练方法串联起来，形成训练计划，丰富训练周期，是本章的任务。

DRAGON

第四章 | 李小龙式
体型体能训练计划

FLAG

第一节
李小龙式体型体能训练计划

一、李小龙为学员设计的功夫与体能训练计划

1. 柔韧性与热身训练计划

目的： 通过训练提高柔韧性的热身动作，防止机体在正式训练时受伤。

训练内容：

（1）腰部柔韧性训练，包括：腰部扭转、站立体前屈、站立背伸、涮腰、正压腿、侧压腿。

（2）腿部柔韧性训练，包括：压腿，各种高踢高摆（前摆腿、后摆腿、外摆腿、内摆腿）。

（3）肩部柔韧性训练或动态热身，包括：弓步腰间直拳、压肩。

（4）双臂柔韧性训练或动态热身：俯卧撑。

（5）腕部及前臂柔韧性训练：用顺时针绕腕动作来活动腕部，用屈伸腕来活动前臂肌群。

2. 功夫体能计划

目的： 复合减脂，提高身体功能性。

训练内容：

（1）大沙包复合击打。利用第二章中介绍到的各种拳、腿、膝、肘复合技术击打大沙包，或者进行分组式单体攻击。复合攻击每组 3~5 分钟，做 4~8 组。

（2）速度球。利用拳击用速度球训练。4~8 组，每组进行 30 秒极速攻击。

（3）腕式沙袋。手腕戴沙袋，进行慢速出拳或出肘的训练。每次训练 4 组，每组 3 分钟。

（4）木人桩。用木人桩训练静态格挡和静态攻击。木人桩高约 1.8 米，直径约 0.3 米，垂直竖立置于 2 米 ×4 米见方的平台上，由金属弹簧支撑。木人颈下有两只能活动的手臂，中部还有另一只手臂，臂长约 0.6 米，此外木人有一条向外向下伸出的金属腿。可以用木人的活动手手臂练习格挡和拳击；用木人的腿脚模仿敌人前腿，用以训练我方前腿的截腿。3~4 组，每组 1 分钟。

（5）空击训练。空击训练主要提升的是基础动力链和速度，训练内容包括空拳、指戳和空踢。空击训练 3~4 组，每组 2~3 分钟，可复合攻击也可以单体攻击。若采取单体训练，每个动作每组 50 次，共做 3 组。

继续者提示

太多的空拳练习或者肌肉控制力不足的空击练习，可能会伤及肘和膝。

（6）纸片训练——吊纸。吊纸可提高直拳的命中率和对肌肉的控制力，防止出拳时肘关节超伸或鞭腿时膝关节超伸。在天棚上吊一张纸（规格为 8 厘米 ×10 厘米），最好用链条悬吊，这样打中后，它可以立即恢复垂直状态。快速用一系列拳法连续猛击纸片。3~4 组，每组 2~3 分钟，可复合攻击也可以单体攻击。

（7）短棍。按本书第三章第一节内容进行短棍训练，3~4 组，每组 2~3 分钟，可复合攻击也可以单体攻击。

（8）握力器训练。此训练在平时就可以进行，4~6 组，选择每组可以进行 6~8 次的重量。

（9）哑铃训练。由于哑铃训练模块体能消耗较大，需要单独进行，不要与其他训练内容混合进行。

推荐动作： 哑铃推举、坐姿哑铃交替弯举、哑铃交替前平举、哑铃侧平举、哑铃俯身臂屈伸、哑铃提踵、哑铃拳击、哑铃腕弯举、哑铃手腕扭转。

以上 9 个推荐动作可以参照本书第一章，大循环组依次进行，每个动作 12 次，其中哑铃拳击训练 2~3 分钟，做 2~6 个循环。

（10）跳绳。4~6 组，每组 1~3 分钟。

（11）应激格斗体能模块。本书第二章第四节中介绍的所有应激格斗体能（包括：闪避、格挡、接抱、防反、抗击打）中每次训练选1~3个主题，每个主题训练3~4组，每组3分钟。

（12）双节棍训练。按本书第三章第二节进行双节棍训练，每个动作 3~4 组，每组 2~3 分钟，可复合攻击也可以单体攻击。

二、李小龙单次力量与肌肉训练计划

1964 年 11 月的一场打斗改变了李小龙先生的体能观。李小龙因为开馆授武引起当地华人武师不满，被迫与上门挑衅的黄泽民对打。虽然李小龙战胜了对手，但此战中李小龙发现了自己体能和力量上的不足。事后反思，他认识到光有技术不能结束战斗，必须以强大的力量和速度为基础才能打出致胜拳腿。以此为转折点，他开始进行系统力量练习。

1965 年 5 月 27 日

李小龙单次手臂力量与肌肉训练计划：

> **继续者提示**
>
> （1）本计划是以训练手臂为主，兼顾腿部训练的综合性体能训练计划。本计划可以作为

提高手臂力量和手臂围度的强化训练组使用。

（2）本计划的间歇训练模式。可以每做一组本训练中的动作后，间歇90秒，再完成下一组；完成一个动作的规定组数后，再进入下一个动作。

（3）超级组模式。本计划除深蹲外，其余大部分动作都是拮抗肌训练，可以使用超级组模式来进行训练，即：超级组中的两个动作间没有间歇，连续完成一个超级组的两个动作，再间歇，休息时间也是90秒。其中本计划中可以形成超级组的动作包括：仰卧杠铃臂屈伸与上斜哑铃弯举，仰卧杠铃臂屈伸与孤立集中弯举，负重俯卧撑与杠铃弯举，正握腕弯举与反握腕弯举。非超级组的动作，按间歇训练处理。

（4）本计划的大循环组模式。可以用循环组的形式训练，即每个动作完成后不休息，直接进行下一项训练，把以下整个循环进行完再休息。休息90秒到3分钟，再进行下一个循环，共完成4个循环。

训练项目	训练部位	重量	组数	次数
杠铃深蹲	腿部	95磅	3	10
仰卧杠铃臂屈伸	肱三头肌	64磅	4	6
上斜哑铃弯举	肱二头肌	35磅	4	6
仰卧杠铃臂屈伸	肱三头肌	64磅	4	6
孤立集中弯举	肱二头肌	35磅	4	6
负重俯卧撑	胸大肌	70~80磅	3	10
直杆杠铃弯举	肱二头肌	70~80磅	3	8
哑铃手腕扭转	小臂旋前、旋后肌群	64磅	4	力竭
反握杠铃弯举	肱桡肌、小臂伸肌群	64磅	4	6
哑铃正握腕弯举	小臂屈肌群	10磅	4	力竭
哑铃反握腕弯举	小臂伸肌群	10磅	4	力竭
仰卧起坐	腹直肌	徒手	5	12
提踵	小腿三头肌	徒手	5	力竭

三、李小龙单日健身计划

09:20~09:25	热身运动	兼顾到脚、腿、膝、腰、手、肘、肩、颈、头。
09:27~09:41	跑步练习	为了避免单调，应使跑步练习变得多样化，即在跑步时要经常变换步幅与节奏，以使腿部的所有肌肉都可得到锻炼，同时跑步时可以加入各种出拳空击动作。
11:30~12:35		1. 拳法练习：500 次空击，以直拳练习为主。 2. 指戳练习：空击指戳和指力墙卧撑。
15:00~15:45	生物修炼	进行静心的修炼。

16:00~16:40	力量与肌肉训练	1. 杠铃练习
		  通过负重深蹲、挺举（或实力推）来锻炼腿部肌肉及全身的整体肌力。以锻炼腿肌为主的深蹲练习，可以使用大重量；挺举或实力推使用中等重量。每个动作各练习 3 组。
		
		2. 轻沙包练习
		  轻沙包主要用来练习拳脚的快速击打力量及灵活性。
		
		3. 重沙包练习
		  重点训练直拳，3 组。

17:15~17:45		1. 蹲起练习，5组。 2. 腰部练习，5组。 3. 上举腿练习（即控腿练习与搬腿练习的一种综合训练），5组。
20:20~20:24	静力训练	即利用静力训练器来锻炼前臂的肌力。

总计用时：3 小时 23 分钟

四、李小龙功夫训练课计划

本部分内容中列举了 8 节课的课例，循序渐进地帮助读者习练功夫并提升体能，但内容切记不可生搬硬套，要研究课程设置的规律，打造适合自己的功夫性体能课程，从而既能减脂又能提高身体功能性。

课程一	1. 热身与拉伸。 2. 滑动攻击训练：垫步接侧踢空击、后移步接侧踢空击、上步出拳等。 3. 重点侧踢：侧踹、上步侧踹或者转身侧踹重击大沙袋。 4. 勾踢： （1）用吊起的纸片去练习。 （2）格斗架势直接发力勾踢沙袋。 （3）在移动中去施展勾踢，包括空击和重击沙袋。 5. 前手拳训练： （1）学会利用脚蹬地的反作用力去发出重拳。 （2）学会利用强劲的核心力量去重击直拳。 （3）学会在移动中发重拳。 <div align="right">时长约 1 小时</div>
课程二	1. 热身与拉伸。 2. 延续练习上堂课的勾踢内容： （1）前移的同时勾踢。 （2）后移的同时勾踢。 （3）侧移的同时勾踢。 3. 复习上堂课中的重拳。 4. 向后移动的同时去反击对方的侧踢，反击方式是扫踢。 5. 用指插去反击对手的右拳重击（亦可用扫踢或侧踢去反击）。 6. 练习后手拳法： 由于后手（左手）距离目标较远，故可在击中目标之前不断地增加打击的冲力： （1）利用杠杆原理去充分发挥身体的内在潜力。 （2）在前手的配合下突发左拳去重创对手。 （3）练习在移动中用左拳去狠击对手。 <div align="right">时长约 1 小时</div>

（续）

课程三	1. 复习后手拳法，并加入步法移动出拳训练。 2. 练习低位截腿：用以对付猛攻的对手。可利用木人桩前伸的腿去练习或踢击低位沙袋。 3. 练习截击打击法：用以对付对手的高位踢法。 4. 学习并练习扫踢： （1）由格斗架势开始做基本动作。 （2）配合手法假动作做扫踢。 （3）跨步并扫踢攻击，如鞭子抽击般去猛击对手。 时长约 1 小时
课程四	1. 热身。 2. 复习扫踢： （1）作为一种攻击手段，踢击沙袋。 （2）作为一种反击手段，对付对手侧踢时的支撑腿。 （3）作为一种反击手段，对付对手的截腿：比如我方出低位腿，对手截腿，我方低位腿迅速变高扫反击。 3. 截击拳攻击： （1）用以对抗对手的扫踢，对手扫踢欲动，我方即上步同侧拳截打对手面部。 （2）在假动作引诱下重击对手，可闪至对手右侧再施以打击。 4. 截击踢法攻击： （1）截腿截击。 （2）用侧踢去截击对手的快速上步。 （3）用低扫踢攻击对手膝关节外侧，阻止其前进。 时长约 1 小时

（续）

课程五

1. 复习前一课内容。

2. 低位侧踹：

（1）攻击对手膝关节。轻击即可，以免受伤。

①直接踢对手膝关节。

②利用低位侧踹截击对手。

③打破对手的步伐节奏。

（2）防御逃脱。当对手猛攻时，我方可利用低位侧踹攻击对手膝关节，并借反作用力转身逃脱。

3. 后拳攻击：

（1）低扫踢接后拳攻击。

（2）由对手右侧攻入。

（3）由对手左侧攻入。

4. 高中位侧踹：

（1）由右向左攻击。

（2）由左向右攻击。

5. 边慢跑边踢击，训练腿法的移动适应性。

6. 腹肌训练：仰卧起坐与仰卧举腿。

7. 截击对手的侧踹。

8. 侧踹截击对手：

（1）侧跨步侧踹截击。

（2）侧踹截击扫踢。

9. 截击左刺拳。

10. 拳法截击：

（1）前手刺拳截击对手的右直击（踢）。

（2）前手刺拳截击对手的右钩拳。

（3）前手刺拳截击对手的左摆拳。

时长约 1 小时

（续）

课程六	1. 复习上一节课内容。 2. 勾踢： 　（1）攻击大沙袋。 　（2）接腿后对抗直刺踢。 　（3）接腿后对抗侧踢。 3. 直（前）踢： 　（1）左腿攻击。 　（2）右腿攻击。 　（3）迎击训练。 4. 扫踢： 　（1）作为攻击手段。 　（2）作为反击手段。
	时长约 1 小时
课程七	组合腿法训练： 1. 正蹬侧踹二连击：正蹬攻击引路，侧踢实踢。 2. 前踢后腿二连击：前踢攻击，后面接另一腿的正蹬、侧踹、扫腿或者转身后蹬攻击。 3. 截腿后扫二连击：前腿截腿，后腿扫踢连击（可低扫、可高扫）。 4. 低扫侧踹二连击：前腿低扫攻击，后腿侧踹连击。 5. 同腿低高二连击：低位侧踢伴攻，高位侧踢实击。
	时长约 1 小时
课程八	1. 热身与拉伸。 2. 咏春拳的粘手练习。可大幅提高近距离搏击方面的能力。 3. 短棍训练。 4. 双节棍训练。
	时长约 1 小时

五、李小龙式单周训练计划

Part 1　心肺功能训练计划

每周 2~3 次，每次 30~60 分种，训练时最好将心率数控制在 [（220- 年龄）×80%] 的 bpm（beat per minute，每分钟跳动的次数）左右的数字。

Part 2　力量与肌肉训练计划

开始正式训练前慢跑热身 10 分钟，然后采用静态拉伸的方式拉伸目标肌肉 3~5 分钟。

接下来就是正式的力量与肌肉训练，以下训练日采用隔天训练模式，也就是训练日的第一天、第二天、第三天、第四天之间最好间隔一天，如果没有间隔日，最多连续两天训练，就要休一天。间隔日不是完全休息，而是进行格斗技术和格斗体能训练。

继续者提示

以下计划中的训练次数，均为最大重复次数。组间休息1分钟，两个动作间休息3~5分钟。

第一天	腿部、腹部训练	1. 坐姿腿举 4 组 ×10~12 次； 2. 史密斯机深蹲 4 组 ×10~12 次； 3. 器械腿弯举 4 组 ×10~12 次； 4. 仰卧起坐 4 组 ×15~20 次； 5. 仰卧起坐转体 4 组 ×15~20 次； 6. 悬垂举腿 4 组 ×15~20 次。

（续）

第二天	胸、肩部训练	1. 杠铃卧推 4 组 ×10~12 次； 2. 上斜哑铃推举 4 组 ×10~12 次； 3. 上斜哑铃飞鸟 4 组 ×10~12 次； 4. 坐姿哑铃推举 4 组 ×10~12 次； 5. 哑铃侧平举 4 组 ×10~12 次。
第三天	背部训练	1. 罗马椅挺身 4 组 ×10~12 次； 2. T 杆划船 4 组 ×10~12 次； 3. 宽距引体向上 4 组 ×10~12 次； 4. 杠铃硬拉 4 组 ×10 次； 5. 颈前下拉 4 组 ×10~12 次。
第四天	肱二头和肱三头训练	1. 外旋哑铃弯举 4 组 ×10~12 次； 2. 坐姿哑铃交替弯举 4 组 ×10~12 次； 3. 窄距俯卧撑 4 组 ×12~15 次； 4. 绳索下压 4 组 ×10~12 次； 5. 曲杆杠铃弯举 4 组 ×10~12 次； 6. 单臂哑铃颈后臂屈伸 4 组 ×10~12 次； 7. 哑铃俯身臂屈伸 4 组 ×10~12 次。

继续者提示

组间休息1分钟，两个动作间休息3~5分钟。

补充腹部训练模块：

1. 仰卧起坐 3 组 ×15~20 次

2. 仰卧举腿 3 组 ×15~20 次

3. 转体仰卧起坐 3 组 ×12~15 次

4. 两头起 3 组 ×12~15 次

（此模块内加在第三天或第四天的训练结束后。）

第二节
李小龙式单周体型体能训练计划进阶版

本节计划把本书所有相关内容分成了肌肉体型与格斗体能两大部分，每个部分又分为若干个模块。肌肉体型部分包括：腿部肌肉模块、背部与拉力肌肉模块、胸部与推力肌肉模块、手臂肌肉模块、腰腹肌肉模块。格斗体能部分包括：拳肘模块、腿法膝法模块、摔投与地面技模块、短棍模块和双节棍模块。

本节依据科学的理论知识，重新构建训练者的每周训练计划，并把体型训练、体能训练、单人格斗训练整合到一套计划中，使健身者的训练更加丰富、有效，更具趣味性与功能性。

本计划分为单周单循环与单周双循环两种模式。

一、单周单循环

单周单循环指，一周就把训练计划中涉及的所有身体部位以及大部分本书中的格斗技术与体能都练一遍的计划。但考虑到本书格斗技术较多，一般单周不容易练全，因此需要采用2~4周一个大循环的方式把格斗技术与体能都练全。

正式训练前，慢跑热身 5 分钟。随后拉伸目标肌肉，采用静态拉伸 3~5 分钟。同时对于本次训练涉及到的格斗体能相关动作进行动态拉伸。

本书的训练前静态、动态拉伸动作包括：站立体前屈、站立背伸、涮腰、前摆腿、后摆腿、外摆腿、内摆腿、倒三角收缩、弓步腰间直拳、压肩，以及各种格斗滑步的步伐。

下面就是正式的"力量—肌肉—体能—格斗"一体化训练，训练日采用隔天训练模式，也就是第一天、第二天、第三天、第四天之间最好间隔一天，如果没有间隔日，最多连续三天训练，就要休一天。间隔日不是完全休息，可以进行格斗技术和格斗体能训练。以下介绍的训练次数均为最大重复次数。

一般每次训练，初级训练者训练组数不超过 20 组，中级训练者不超过 26 组，高阶训练者不超过 32 组。

（一）单周三次训练计划

> 注：核心训练组可以每周练2~6次，穿插在任何训练日或者非训练日均可。

第一天：腿部综合训练计划

1. 蹲起训练。杠铃深蹲、史密斯机深蹲、坐姿腿举、单腿深蹲，任选一项。4~6组，每组8~12次。
2. 器械腿屈伸。2~4 组，每组 8~12 次。
3. 器械腿弯举。2~4 组，每组 8~12 次。
4. 摆拳式旋髋。1~2 组，每组 20~32 次（单侧臂 10~16 次）。
5. 腿法击沙袋。扫腿击沙袋（低扫、中扫、高扫）、侧踹击沙袋、正蹬击沙袋、前踢击沙袋、截腿攻击、后蹬击沙袋、旋转勾踢绊摔击沙袋，以上腿法每次训练选 2~4 种，每种腿法做 2~4 组，每组每腿 30~60 次，或双腿持续训练 3~5 分钟为一组。

第二天：推力与拳肘综合训练计划

1. 杠铃卧推。4~6 组，每组 8~12 次（或采取金字塔训练模式）。

2. 负重推举。站姿杠铃颈前推举、站姿杠铃颈后推举、坐姿哑铃推举，任选一项。
   3~4 组，每组 8~12 次。

3. 胸部上斜训练。上斜哑铃推举 、上斜哑铃飞鸟，任选一项。3~4 组，每组 8~
   12 次。

4. 俯卧撑训练。常规俯卧撑、单手俯卧撑、五指卧撑，任选一项。1~2 组，每组
   做至力竭。常规俯卧撑单组训练重复次数是单手俯卧撑、五指卧撑单组训练重
   复次数的 2~3 倍。

5. 前平举训练。哑铃交替前平举、格斗杠铃平推，任选一项。3~4 组，每组 8~
   12 次。

6. 哑铃侧平举。3~4 组，每组 8~12 次。

7. 拳肘训练。直拳、摆拳、勾拳、平击肘、侧顶肘、后顶肘，任选 2~4 项，每种
   拳肘攻击做 2~4 组，每组拳法 40~60 次，或双拳持续训练 3~5 分钟为一组。也
   可以做 2~4 组哑铃拳击，每组 3~5 分钟。

第三天：拉力、摔投、地面技综合训练计划

1. 综合摔投+地面技。下潜抱摔（勾踢绊摔）+上位十字固（美式锁肩），形成
   组合。3～6组，每组每侧各8～12次。

2. 杠铃硬拉。3～4 组，每组6～10次。

3. 引体向上类训练。颈前下拉、宽距引体向上、正手直角引体向上，任选一项。
   4～6 组，每组8～12次。

4. 杠铃划船。3～4组，每组8～12次。

5. T杠划船。3～4组，每组8～12次。

核心训练组如下：

（1）龙旗或悬垂举腿。2～3组，每组8～12次。

（2）仰卧举腿或蹬天式举腿。2～3组，每组20～30次。

（3）罗马椅挺身。2～3组，每组20～30次。

（4）斜板仰卧起坐、交叉卷腹、仰卧起坐+躺地前举腿，任选一项。2～3组，每组15~30次。

（二）单周四次训练计划

> 注：单周四次训练计划与单周三次训练计划的前三次训练内容基本相同。核心训练组也可以加在每周任何训练日或者非训练日之中，每周练2~6次。但第四次训练加入了新内容。

第一天：腿部综合训练计划

第二天：推力与拳肘综合训练计划

第三天：拉力、摔投、地面技综合训练计划（前3天的训练计划内容与"单周三次训练计划"内容相同）

第四天：武器与应激体能训练。

1. 热身与拉伸。

2. 短棍或双节棍训练。按本书第三章内容，进行短棍或双节棍训练，建议每次训练只练一种武器，武器的熟练掌握需要反复的练习，形成关于动作深刻的神经肌肉记忆。此部分训练时长为10~40分钟。

3. 应激体能训练。包括闪避、格挡、接抱、连击、抗击打应激等。每次训练日，在武器训练前或训练后进行10~40分钟的应激体能训练，每次训练挑2~4个应激体能训练科目，项目不宜太多，以免身体无法承受过大压力。

（三）单周五次训练计划

> 注：单周五次训练计划与单周四次训练计划的前四次训练基本相同，但增加了一次手臂超级组训练，以强化手臂的塑型，核心训练组也可以加在每周任何训练日或者非训练日之中，每周练2~6次。

第一天：腿部综合训练计划

第二天：推力与拳肘综合训练计划

第三天：拉力、摔投、地面技综合训练计划

第四天：短棍与双节棍训练计划

第五天：手臂超级组计划

1. 基础手臂超级组。

   钻石俯卧撑或钢线下压 + 直杆杠铃弯举或曲杆杠铃弯举。2~4 组，每组 12 次或至力竭。

2. 交替哑铃弯举 + 仰卧杠铃臂屈伸。2~4 组，每组 8~12 次。

3. 孤立集中弯举 + 哑铃俯身臂屈伸。2~4 组，每组 8~12 次。

4. 上斜哑铃弯举或坐姿哑铃交替弯举 + 绳索下压或单臂哑铃颈后臂屈伸。2~4 组，每组 10~12 次。

5. 哑铃正握腕弯举 + 反握腕弯举。2~4 组，每组 8~12 次。

6. 寸拳击打沙袋。3~4 组，每组 8~12 次。

7. 绳索卷腕。3~4 组，每组 6~8 次。

8. 哑铃手腕扭转。2~4 组，每组 10~12 次。

> 注：超级组模式。超级组模式利用的是拮抗肌连续交替训练形式，即：超级组中的两个动作间没有间歇，连续完成一个超级组的两个动作，再间歇60~90秒。例如：钻石俯卧撑与杠铃弯举，孤立集中弯举与哑铃俯身臂屈伸，正握腕弯举与反握腕弯举等动作都可以组合形成超级组。

二、单周双循环

单周双循环指：一周两个循环，把所有基础肌肉塑形和基础体能训练都练两遍的训练体系，适用于精力、时间比较富余的训练者或职业运动员使用。

如果是上班族，也可以采用每次训练时间只有 30~45 分钟，每周进行 6 次的轻双循环训练模式。

以下计划兼顾了轻双循环及一般双循环。采取何种训练方式主要由组数决定：每个动作训练组数的下限对应的是轻双循环模式；组数的上限对应的是一般双循环模式。

第一循环　三天训练计划（每周一、二、三）

周一训练内容：腿部综合训练计划

1. 蹲起训练。杠铃深蹲、史密斯机深蹲、坐姿腿举、单腿深蹲，任选一项。2~4 组，每组 8~12 次。

2. 摆拳式旋髋。1~2 组，每组 20~32 次（单侧臂各 10~16 次）。

3. 腿法击沙袋。包括：扫腿击沙袋（低扫、中扫、高扫）、侧踹击沙袋、正蹬击沙袋、前踢击沙袋、截腿攻击、后蹬击沙袋、旋转勾踢绊摔击沙袋。以上腿法，每次训练选1~3种，每种腿法做2~3组，每组每腿30~60次，或双腿3~5分钟为一组。

周二训练内容：推力与拳肘综合训练计划

1. 杠铃卧推、负重俯卧撑、单手俯卧撑，任选一项，2~4 组，每组 8~12 次（或采用金字塔训练法）。

2. 肩部推举。站姿杠铃颈前推举、站姿杠铃颈后推举、坐姿哑铃推举，任选一项。2~3 组，每组 8~12 次。

3. 上斜训练。上斜哑铃推举、上斜哑铃飞鸟，任选一项。2~3 组，每组 8~12 次。

4. 钻石俯卧撑、仰卧杠铃臂屈伸、绳索下压、单臂哑铃颈后臂屈伸、哑铃俯身臂屈伸。任选一项，4 组，每组 8~12 次。

5. 前平举训练。哑铃交替前平举、格斗杠铃平推，任选一项。1~2 组，每组 8~12 次。

6. 哑铃侧平举。1~2 组，每组 8~12 次。

7. 拳肘训练。直拳、摆拳、勾拳、平击肘、侧顶肘、后顶肘，任选 2~3 项，每种拳肘攻击做 1~2 组，每组拳法 40~60 次，或双拳持续训练 3~5 分钟为一组。也可以做 2~4 组哑铃拳击，每组 3~5 分钟。

周三训练内容：拉力、摔投、地面技综合训练计划

1. 综合摔投 + 地面技。下潜抱摔（勾踢绊摔）+ 上位十字固（美式锁肩），形成组合。3~6 组，每组每侧各 8~12 次。

2. 杠铃硬拉。2~4 组，每组 6~10 次。

3. 引体向上类：颈前下拉、宽距引体向上、正手直角引体向上，任选一项。2~4 组，每组 8~12 次。

4. 杠铃划船或 T 杠划船，任选一项，2~4 组，每组 8~12 次。

5. 直杆杠铃弯举、曲杆杠铃弯举、站姿哑铃交替弯举、坐姿哑铃交替弯举、孤立集中弯举，任选一项。4 组，每组 8~12 次。

第二循环　三天训练计划（每周四、五、六）

周四训练内容：腿部综合训练计划

内容基本和周一一致，但是在可替换项方面最好选择周一没有训练过的项目。可在本次训练最后，加入 5~15 分钟战术棍训练。

周五训练内容：推力与拳肘综合训练计划

内容基本和周二一致，但是在可替换项方面最好选择周二没有训练过的项目。可在本次训练最后，加入 5~15 分钟应激体能训练。

周六训练内容：拉力、摔投、地面技综合训练计划

内容基本和周三一致，但是在可替换项方面最好选择周三没有训练过的项目。可在本次训练最后，加入 5~15 分钟的双节棍训练。

周日休息：放松拉伸

双循环核心训练组可以加在每周任何训练日或非训练日之中，每周练 2~6 次。

双循环核心训练组训练内容如下：

1. 龙旗或悬垂举腿。2~3 组，每组 8~12 次。

2. 仰卧举腿或蹬天式举腿。1~2 组，每组 20~30 次。

3. 罗马椅挺身或超人俯卧挺身。1~2 组，每组 20~30 次。

4. 斜板仰卧起坐、交叉卷腹、仰卧起坐 + 躺地前举腿，任选一项。1~2 组，每组 15~30 次。

第三节
心肺功能与统合训练

一、格斗式心肺功能训练计划

1. 格斗式心肺功能训练计划的目的

通过塑形体能、格斗体能及辅助跑步的形式综合提高心肺耐力。优势在于，可调动的肌肉远比跑步、健身运动多；在体能素质上可以全面提高人体力量、速度、耐力、应激、平衡、柔韧六大体能素质，均衡提高，不片面强化；在体能模式上更加兼容，可避免跑步过多造成的膝关节慢性劳损。同时，此种心肺耐力训练的减脂效果也更加显著。

2. 格斗式心肺功能训练计划举例

热身与拉伸

正式训练：

1. 40 公斤杠铃深蹲，4 组，每组 12 次

2. 高扫腿击沙袋，4 组，每组 12 次

3. 40 公斤杠铃划船，4 组，每组 12 次

4. 沙人勾踢绊摔，2 组，每组 12 次

5. 钻石俯卧撑，1 组，20 次

6. 直拳击沙袋，2 组，每侧 20 次

7. 三分钟跑，1 组

二、如何统合格斗、体能与体型

格斗、体能和体型是可以同步练习，同步提高的。在这一点上，李小龙就是早期
实践者，后来不少综合格斗项目的运动员也纷纷效仿此训练模式。

关于如何系统性地达成格斗、体能和体型的统合训练？在《打造格斗的肌肉》一
书中有详细介绍。

这里作简单的原则性介绍。

1. 格斗、体能和体型单次训练的统合原则

（1）单次训练内容次序

① 热身与拉伸：涵盖动态拉伸。

② 摔投类专项体能训练：如下潜抱摔沙人，勾踢绊摔沙人等……

③ 动力链爆发力体能训练：如杠铃高翻、格斗哑铃推举等……

④ 大肌肉群复合训练：如深蹲、硬拉、杠铃卧推、引体向上等……

⑤ 单关节塑形训练：如哑铃飞鸟、腿屈伸、坐姿划船、哑铃侧平举等……

⑥ 格斗中重击训练：如扫腿击沙袋、后蹬击沙袋、重拳击沙袋等……

⑦ 轻对抗应激体能素质：如闪避、格挡、接抱、连击、抗击打应激体能素
质等……

⑧ 核心训练：如龙旗，卷腹，举腿等……

⑨ 整理运动：如慢跑，轻空击等……

（2）体能模式原则

单次训练，体能模式以站立体能模式为主，地面体能模式为辅，也要加入一些攀爬悬吊体能模式训练和坐姿体能模式训练。

（3）体能素质原则

一般以塑形目的为主的大众优先发展：动力力量、缓冲力量、静力力量、一般耐力素质、闪避类应激体能素质、平衡素质、柔韧素质。

一般以实战目的为主的人群优先发展：动力力量、蓄力力量、两种爆发力、缓冲力量、速度素质、实战耐力素质、闪避、格挡、接抱、连击、抗击打综合应激体能素质、平衡素质、柔韧素质。

（4）体能升级原则

一般以塑形目的为主的人群优先升级：塑形类体能（即本书第一章内容）。

一般以提升实战能力目的为主的人群优先升级：格斗体能类内容，（即本书第二章内容）。

一般以提升武器运用水平目的为主的人群优先升级：武器体能，（即本书第三章内容）。

（5）不同人群的权重比

一般以塑形目的为主的人群，权重比为——塑形类体能：格斗体能：武器体能 =6:3:1。

一般以提升实战能力目的为主兼顾一定塑形目的的人群，权重为：塑形类体能：格斗体能：武器体能 =3:6:1。

一般以提升武器运用水平目的为主，兼顾提升格斗体能和塑形目的的人群，权重为：塑形类体能：格斗体能：武器体能=2:2:6。

2. 格斗、体能和体型单周训练的统合原则

（1）单周训练内容原则

A. 每周要把大肌群训练1~2遍。包括：腿部肌群、胸部肌群、背部肌群、核心肌群。但需要注意大肌群力量训练，同一肌群建议每周训练不超过2次。

B. 每周训练一定量的格斗技术体能内容，争取四周时间内完成本书所有格斗技术与格斗体能动作。

C. 每周训练 1~2 次器械体能，包括本书所述战术棍体能或双节棍体能。

D. 每周进行 2~4 次心肺耐力训练，可以是跑步，也可以是本书提供的格斗式心肺耐力训练。其中格斗式心肺耐力训练内容包括：连续低负荷器械训练，连续格斗击靶训练，连续战术棍挥击训练，连续双击棍训练。

E. 力量塑形训练与心肺耐力训练，可以分在不同天进行，也可以放在一天中进行训练。如果是一天内进行，训练顺序是先力量塑形训练，后心肺耐力训练。

F. 静禅打坐训练，每周安排 1~2 次。顺序放在力量塑形训练及心肺耐力训练之后或者单独进行。

（2）单周体能模式原则

单周训练体能模式以站立体能模式为主，地面体能模式为辅，另需加入一些攀爬悬吊体能模式训练。要求每周训练内容最好涵盖站立体能模式、地面体能模式和攀爬悬吊体能模式。

（3）单周体能素质原则

一般以塑形目的为主的人群优先发展：动力力量、静力力量、缓冲力量、一般耐力素质、闪避类应激体能素质、平衡素质、柔韧素质。

一般以提升实战能力目的为主的人群优先发展：动力力量、蓄力力量、两种爆发力、缓冲力量、速度素质、实战耐力素质、闪避、格挡、接抱、连击、抗击打综合应激体能素质、平衡素质、柔韧素质。

一般有街头防身需求的人，可以加入战术棍体能与双节棍体能作为训练内容。

（4）单周体能升级原则

一般以塑形目的为主的人群优先升级：塑形类体能（本书第一章内容）。

一般以提升实战能力目的为主的人群优先升级：格斗体能类内容，（即本书第二章内容）。

一般以提升武器运用水平目的为主的人群优先升级：武器体能，（即本书第三章内容）。

3. 格斗、体能和体型单月训练的统合原则

（1）单月训练内容原则

A. 每月要把大肌群训练至少 4 次。包括：腿部肌群、胸部肌群、背部肌群、核心肌群。

B. 每月把格斗技术体能（第二章）至少练一遍。

C. 每月至少练 4 次本书所述战术棍体能或双节棍体能内容。

D. 每月进行至少 8 次心肺耐力训练，可以是跑步，也可以是本书提供的格斗式心肺耐力训练。其中格斗式心肺耐力可以包括：连续低负荷器械训练、连续格斗击靶训练、连续战术棍挥击训练、连续双击棍训练。

E. 每月至少 4 次静禅打坐训练。

（2）单月体能模式原则

单月训练，体能模式以站立体能模式为主，地面体能模式为辅，另需加入一些攀爬悬吊体能模式训练。

（3）单月体能素质原则

同单周体能素质原则。

（4）单月体能升级原则

一般以塑形目的为主的大众优先升级：塑形类体能（即本书第一章内容）。

一般以提升实战能力目的为主的人群优先升级：格斗体能类内容（即本书第二章内容）。

一般以提升武器运用水平目的为主的人群优先升级：武器体能（即本书第三章内容）。

一般情况下，通过四周的体能素质训练，初学者是会有明显体能升级表现的。

关于格斗、体能和体型的更长训练周期的训练内容，可参见《打造格斗的肌肉》或者《MMA 综合格斗体能训练全书》。

李小龙与 MMA——继往开来

李小龙先生生于 1940 年 11 月 27 日，其毕生对于武学、功夫、电影、体能训练以及如何通过艺术展现功夫，如何进行无门派限制的混合性质格斗比赛，进行着不懈地探索与研究。

有人说："李小龙的截拳道只做了一半，可惜了"。但其实，真正秉承李小龙功夫衣钵的是综合格斗（Mixed martial arts，简称 MMA）。

李小龙是综合格斗的总设计师和大预言家。

从综合格斗的装备角度来看，早在1973年的电影《龙争虎斗》中，李小龙就展示过"分指拳套"这一装备。李小龙当时的比赛形象——戴分指拳套、着短裤、赤膊，和几十年后美国终极格斗冠军赛（Ultimate Fighting Championship，简称 UFC）中的MMA运动员穿着几乎一模一样。而第一届UFC比赛，是在李小龙先生逝世后20年——1993年才创办的。比赛中出现李小龙在《龙争虎斗》中的MMA式穿着，更是在其去世25年后才得以实现的事情了。

从综合格斗的技术和规则角度来看。技术方面，《龙争虎斗》中出现了地面锁技：李小龙对洪金宝使用的腕缄关节技，以及岛上比武时出现的十字固。规则方面，片中也出现了拍垫认输被降服的规则。这些内容都可体现出现代综合格斗的雏形。

UFC联盟CEO达纳·怀特在被采访时曾表示："李小龙是百分之百的综合格斗之父。"他还谈到："格雷西家族（巴西柔术创立者家族）和李小龙的不同之处在于，李小龙从不会只认定一种流派，他在六十年代一直教育人们：不要只盯着一种流派，没有最好的流派，要兼收并蓄。"

事实也证明了，李小龙格斗理念下的综合格斗确实在实战性方面，要优于单纯的巴西柔术。对于综合格斗而言，巴西柔术只是从属于其中的一个子集。因此，李小龙更类似于一位总设计师，而格雷西家族则更像是其中某个重要项目的设计师。

从李小龙对于各流派兼收并蓄理念的建立到综合格斗概念的确立，历经了20～30年的时间，现代综合格斗才终于实现了规则系统化、格斗技术系统化、专项体能系统化。

现代综合格斗，是一项规则开放的有护具竞技格斗运动。赛事规则既允许站立打击，也可进行地面缠斗和地面打击，比赛允许选手使用拳击、散打、踢拳、摔跤、柔道、桑搏、柔术、泰拳、空手道、截拳道、中国功夫等多种技术，被誉为搏击运动中的"十项全能"。MMA比赛按体重划分不同级别，职业MMA选手通常经过系统而科学的格斗技术训练，具备综合运用不同格斗技术的能力，同时也需要具备多回合对抗所需的专项体能。

MMA开放式的赛事规则为不同风格的格斗选手创造了统一的竞技平台，使其能在公开的环境下公平竞技，并融合了站立打击技术、摔投技术、关节技、地面降服技等多种不同技术，形成了系统而独特的MMA技术体系。

再谈MMA的体型与体能。包括次中量级冠军乔治·圣·皮埃尔，羽量级及轻量级双料冠军康纳·麦格雷戈，雏量级选手TJ·迪拉肖，11次卫冕的蝇量级选手狄米崔斯·约翰逊等人在内的很多 UFC 高手，都与李小龙先生的身材和肌肉类型非常相似。

事实上，MMA 专项体能的发展要晚于 MMA 技术。技术在运动员的实战实践中，可以形成经验，即可为自己所用。而专项体能需要借助运动解剖学、运动生理学、运动生物力学、体能理论及运动营养学，深度研究后才能形成科学化的专项体能训练系统。

2020 年，我的两本书《MMA 综合格斗实战技术训练全书》和《MMA 综合格斗体能训练全书》面市了。而这两本书所探讨的主题——综合格斗，也正是李小龙格斗技术理念和格斗体能理念的整合延续。

此次，通过《龙传旗：打造李小龙式的肌肉与体能》这本硬核体能训练书，意在向李小龙先生为综合格斗技术内核打下的基础致敬，并希望能有更多的爱好者能够学以致用。

龙传旗，我们继往开来，他走后，我们就是他。

参考文献

[1] 李小龙. 截拳道之道 [M]. 杜子心，罗振光，译. 北京：北京联合出版公司，2014.

[2] 李小龙. 李小龙技击法 [M]. 钟海明，徐海潮，译. 北京：北京联合出版公司，2013.

[3] 李小龙，约翰·里特. 李小龙健身法：肢体表达的艺术 [M]. 温戈，杨娟，译. 北京：科学技术文献出版社，2019.

[4] 苏静. 知中·再认识李小龙 [M]. 北京：中信出版社，2016.

[5] Jim Gigliotti, Who HQ.Who Was Bruce Lee? [M].New York：Penguin Workshop，2014.

鸣谢

感谢张岩、梁美玲、艾英伟老师、王雄博士、刘献伟、毛永、编辑王炎等人为本书出版所付出的不懈努力与支持！

本书的主书名"龙传旗"是本人挚友张岩所起，也谨以此书告慰张岩在天之灵。在筹备本书时，他给了我很多支持和建议，张岩之所以执意希望本书叫做"龙传旗"，是希望我们能够将李小龙先生的武学理论和其自强不息的精神传承并发扬光大。可惜张岩没有等到本书的问世，于2021年四月底因癌症去世。他在去世前，一直在以艺术与人文的形式践行着中华精神的传承，是真正的"龙传旗"精神践行者，谨以此书献给继续者张岩。

我们要延续李小龙先生的精神与创新理念，传承并发扬适合国人的体能与技击技能……

让我们一起加油，一起继续……

如果您有兴趣的话，可以延伸阅读我在机械工业出版社出版的《打造格斗的肌肉》，以及在人民邮电出版社出版的《MMA综合格斗实战技术训练全书》《MMA综合格斗体能训练全书》，了解更多关于训练格斗技术、肌肉、体能的内容。